말하는 대로
꿈꾸는 대로

꿈을 이루고야 마는 사람들의 절대 법칙

말하는 대로 꿈꾸는 대로

이익선 지음

위즈덤하우스

『이상한 나라의 앨리스』에는 다음과 같은 대화가 나온다.

"어느 길로 가야 하는지 가르쳐줄래요?"

앨리스의 질문에 고양이가 대답했다.

"어디를 가는지에 따라 답은 달라지겠지."
"어디든 별로 상관없는데……."
"그러면 어느 길로 가든 상관없겠네."

●● 혹시 당신도 앨리스처럼 인생에서 원하는 꿈, 목적 없이 '길'을 찾아다니지는 않는가? 만약 꿈이 없다면 어디에서 무얼 하든 인생은 크게 다르지 않을 것이다. 지금으로부터 100년 전 미국의 철학자 데이비드 헨리 소로는 "대부분의 사람은 조용한 절망감 속에서 살아간다"고 말했다. 단언컨대 꿈이 없다면 생명을 소모하는 삶을 반복할 수밖에 없다.

독일의 철학자 프리드리히 니체는 "왜 살아야 하는지를 아는 사람은 어떤 어려움도 견뎌낼 수 있다"고 말한 바 있다. 제아무리 명문대학을 나오고 번듯한 직장에 다니며 많은 돈과 넓은 아파트, 좋은 차를 가지고 훌륭한 배우자와 귀여운 자녀들과 남부러울 것이 없이 살더라도 살아야 하는 의미와 이유를 모른다면 허무한 삶을 살 수밖에 없다. 중요한 것은 삶의 외형이 아니다. 무슨 생각으로 살고 있는가 하는 목적의식이다.

나는 2008년 3월부터 대학교 강단에서 수많은 학생을 만나고 있다. 교수 초창기에 학생들이 연구실에 찾아오면 다음과 같은 질문을 던지곤 했다.

"너는 졸업하고 나서 뭘 하고 싶니?"

어떤 학생은 여러 회사들에 원서를 넣어서 개중에 좋은 곳으로 취업하고 싶다고 말한다. 이는 특별히 하고 싶은 일이 없으므로 조건을 따져보고 적당한 곳에 취업하고 싶다는 의미로 들린다.

또 상당수는 머뭇거리면서 "특별히 하고 싶은 것이 없어요"라고 답한다. 처음에는 그런 반응이 무척 당황스러웠다. 하지만 지금은 여유롭게 대처할 수 있다.

"그래, 괜찮아. 대학은 자신이 하고 싶은 것이 무엇인지 찾아가는 곳이니까. 앞으로 이것저것 더 많이 경험해보렴."

그런데 언제부턴가 더 이상 이런 질문을 던지지 않게 되었다. 속 시원하게 답을 알려주지도 못하면서 괜히 아픈 곳을 찌르는 꼴이라는 생각 때문이다. 그러나 여전히 대다수 젊은이들이 자신이 원하는 것이 무엇인지 찾지 못한 채 대학을 졸업하고, 그렇게 취직하는 현실이 너무도 안타깝다.

"하고 싶은 것이 없어요"라는 말은 "꿈이 없어요"와 같은 뜻이다. 국어사전에서는 꿈을 '실현하고 싶은 희망'이라고 간단하게 정의한다. 그렇다. 내가 실현하고 싶은 것이라면 무엇이든, 그것이 바로 꿈이다.

오늘날 우리 사회에는 무엇을 위해 살아야 할지 인생의 의미를 발견하게 해주는 토양이 너무나도 척박하다. 그런 상황에서 대한민국의 젊은이들은 하루하루 힘겹게 살아가고 있다.

대학에서 나의 존재 의미와 이유는 학생들을 돕기 위함이다. 이들에게 경영학 지식을 전수하는 것도 중요하지만 그보다 행복한 삶을 살도록 돕는 것이 더 의미 있으리라 생각한다.

그런 차원에서 고민해보았다. '젊은이들이 정처 없이 방황하는 삶을 청산하고 '꿈'을 꿀 수 있도록 돕는 건 어떨까?'

젊은이들이 꿈을 가질 수 있도록 돕겠다고 결심한 이후로 꿈에 대한 공부를 시작했다. 2008년 가을부터 책들을 뒤지기 시작했나 보다. 꿈과 관련된 내용을 조금이라도 담고 있는 책은 닥치는 대로 구해 읽었다. 어림잡아 200권 정도는 읽은 것 같다. 두세 번 정독했던 책도 있고 훑고 넘어간 책도 많다.

수많은 책 중 어딘가에는 꿈꿀 수 있는 실제적인 방법들을 발견할 수 있으리라 기대했다. 뛰어난 지성의 인생 선배 중 누군가는 꿈꾸는 방법에 대해 고민하고 후배들을 위한 저작을 남겼으리라 기대했다. 하지만 고민을 시원하게 풀어주는 책을 발견하지 못했다. 대부분의 책이 꿈을 가져야 한다는 당연한 주장이나 꿈을 이루는 방법에 관한 설명 또는 성공한 사람들의 전기를 싣고 있었다.

그래서 결심했다. 어떤 꿈을, 어떻게 꾸어야 하는지 알려주는 '꿈꾸는 방법'에 관한 책을 써보기로. 누군가 해야 하는 일이라면 불가능하다는 생각은 접어두고 의미 있는 발자국을 남기기 위해 도전하여 젊은이들을 조금이나마 돕기로.

그러한 결심으로 본격적인 자료조사에 착수했다. 이미 읽었던 책들과 함께 인터넷, 영상물 등의 각종 자료를 섭렵했다. 새로운 목적의식을 가지고 자료를 접하니 곳곳에서 의외의 힌트들을 얻을 수 있었다. 그러한 노력으로 이 책『말하는 대로 꿈꾸는 대로』가 세상의 빛을 보게 되었다.

2009년 여름 즈음 나는 진정 말하는 대로 또 꿈꾸는 대로 살 수 있도록 돕는 '꿈꾸는 기술' 몇 가지를 정리할 수 있었다. 이후에도 책의 구성과 내용은 상전벽해를 거듭했다. 그러던 중 불현

듯 이런 생각이 머릿속을 스쳤다.

'실제로 젊은이들이 꿈꾸도록 돕는 활동을 시작해보는 것은 어떨까?'

그러한 동기로 시작한 것이 '꿈 찾기 프로그램'이다. 정식 명칭은 '비전 메이커스(Vision Makers)'로, 줄여서 VM이라 불렀다. 참가비는 무료로 하고 학생들에게 밥도 사주기로 마음먹었다. 내 강의 홈페이지에 모집공고를 내고, 이와 관련된 인터넷 카페(http://cafe.daum.net/viz-makers)도 개설했다. 사람이 많든 적든 학생들에게 도움을 주고 싶은 마음뿐이었다.

2009년 여름, 열 명의 인원을 모집해서 8주 동안 꿈 찾기 프로그램을 진행했다. '꿈 찾기'라 해서 특별할 것은 없다. 매주 이 책에서 제시한 꿈꾸는 기술들을 알려주고 개인 과제를 내준다. 참가자들은 과제 결과를 모임에서 발표하고 박수치며 서로를 격려하는 방식이다.

과정이 끝나갈 무렵, 감사하게도 열 명 모두 꿈을 갖게 되었다. 인생에서 자신이 원하는 꿈, 삶의 목적과 의미라고 말할 수 있는 꿈을 만들어낸 것이다. 그 이후로 꿈 찾기 프로그램은 매 여름방학과 겨울방학마다 진행되고 있다. 현재 6기 과정을 진행 중이며, 많은 학생들이 평생에 걸쳐 가꿔나갈 진정한 꿈을 만들고 있다.

최근에 나는 이 프로그램을 수료했던 이들을 찾아가 인터뷰를 진행했다. 꿈꾸는 기술이 실제로 효과가 있는지, 꿈을 가진 이후 삶이 어떻게 달라졌는지를 검증하고 싶었기 때문이다.

감사하게도 백이면 백 모두 꿈꾸는 기술이 여러 면에서 효과가 있었으며 이를 통해 삶이 180도 변했다고 말했다. 가치관이 바뀐 것은 물론 만나는 사람과 다니는 장소도 달라지고 같은 일을 하더라도 의미를 갖고 더 열심히 하게 되었다는 것이다. 몇몇은 꿈꾸기 전에는 지독한 우울감에 시달려 힘들었는데 이제는 거기에서 벗어나 삶이 편안해졌다며 눈물을 글썽이기도 했다. 밝아 보이기만 하던 친구여서 마음고생이 그렇게 심했는지 전혀 몰랐었는데 인터뷰하면서 깜짝 놀랐다.

이 책의 꿈꾸는 기술을 통해 이미 많은 사람이 꿈을 꾸게 되었다. 그렇다면 여러분도 충분히 꿈꿀 수 있다. 또 말하는 대로 꿈꾸는 대로 꿈이 이루어짐을 체험하게 될 것이다. 그러니 희망을 가지고 이 책을 읽어주길 바란다.

이 책은 삶의 목적을 발견하기 위한 꿈꾸는 기술들을 소개하고 있다. 물 흘러가듯 술술 읽히게 쓰려고 부단히 노력했지만 여전히 부족하다. 그렇더라도 우리 삶에서 원하는 '꿈'을 발견하고 의미 있는 삶을 살아가는 것이 얼마나 중요한지를 말하고자 했던 그 마음만은 전달되리라 믿는다.

2011년 12월
이익선

차례

프롤로그 : 004

당신에게는 꿈이 있는가?

★ 대한민국은 꿈 상실 공화국 : 016
★ 당장의 취업 vs 꿈꾸는 삶 : 022
★ 꿈이 사라질 수밖에 없는 이유 : 028
★ 꿈꾸는 과정에서 만나는 당연한 감정, 두려움 : 033
★ 꿈꾸는 스위치를 작동시키라 : 037

꿈꾸는 기술 1 삶의 목적을 발견하라

★ 희망직업은 목적이 아니라 과정일 뿐이다 : 042
★ 언젠가의 쉼을 꿈꾸지 말라 : 047
★ 허황된 망상이나 공상은 꿈이 아니다 : 050
★ 목적이 이끄는 삶을 살라 : 054

꿈꾸는 기술 2 스토리형 꿈을 만들라

★ 높이 나는 새가 멀리 본다 : 060
★ 스토리형 꿈에는 창조하는 힘이 있다 : 069
★ 미래는 예측하는 것이 아니라 창조하는 것이다 : 078
★ 꿈을 향해 사는 것 자체가 이미 성공이다 : 085

꿈꾸는 기술 3 마음의 명령에 귀를 기울이라

★ 20대, 초장수사회를 어떻게 살아갈 것인가 : 088

★ 마음이 가리키는 곳으로 가라 : 092

★ 내 삶은 그 누구도 대신 살아주지 않는다 : 097

★ 좋아하는 일을 통해 돈을 벌 궁리를 하라 : 103

★ 현재의 능력이 부족해도 괜찮다 : 108

★ 재능이란 기적적인 노력을 다할 수 있는 능력이다 : 112

꿈꾸는 기술 4 나는 날마다 모든 면에서 좋아지고 있다

★ 나는 결코 '아무나'가 아니다 : 120

★ 과거에 못했다고 미래에도 못할 이유는 없다 : 126

★ 스스로에게 높은 기대를 걸라 : 131

★ 20년 후의 나는 결코 현재의 나가 아니다 : 138

★ 20년 후의 나에게 어울리는 꿈을 만들라 : 142

꿈꾸는 기술 5 불가능해 보이는 꿈을 그리라

★ 불가능은 사실이 아니라 누군가의 의견일 뿐이다 : 148

★ 홈런을 치려면 처음부터 홈런을 노려야 한다 : 156

★ 긍정적인 내용으로 미래이력서를 작성하라 : 161

★ 미래에 엄청난 부자가 되었다고 상상해보라 : 168

★ 자신이 행운아임을 믿고 그에 걸맞은 꿈을 꾸라 : 175

★ 전지전능한 절대주권자가 꿈을 이루어줄 것이다 : 179

★ 꿈에도 창의성이 필요하다 : 186

꿈꾸는 기술 6 남을 도와주는 꿈을 꾸라

★ 자신의 미래장례식을 그려보라 : 194

★ 하늘은 남을 돕는 자를 돕는다 : 200

★ 다른 사람의 필요에 민감해지라 : 206

★ 세상을 더 좋게 만들겠다는 야망을 품으라 : 211

꿈꾸는 젊은이를 위한 조언

★ 꿈은 믿는 자의 편이다 ： 220
★ 노력의 임계점을 돌파하라 ： 227
★ 인생에도 네비게이션이 필요하다 ： 230
★ 친구라는 칠판에 꿈을 새기라 ： 235
★ 일주일 단위의 시간계획표를 짜라 ： 238
★ 성공은 99퍼센트의 실패 위에 있는 1퍼센트 ： 244
★ 여러 번의 '잽'을 날려라 ： 249
★ 꿈을 이루지 못해도 괜찮다 ： 254

에필로그 나는 점점 더 좋아질 나의 미래가 기대된다 ： 257
부록 비전 메이커스 이야기 ： 259

당신에게는
꿈이 있는가?

대한민국은
꿈
상실
공화국

경영학과에 재학 중인 A는 고등학교 시절 무슨 일이든 자신만만 해하는 여학생이었다. 공부를 곧잘 했던 그녀는 서울에 있는 상위권 대학에 입학하는 것을 꿈꾸었다. 그도 그럴 것이 하루에도 수십 번씩 부모님과 선생님들로부터 "무슨 일을 하든 좋은 대학 나오는 게 유리하다. 그러니 공부만 열심히 해라", "좋은 대학 들어가야 시집 잘 간다", "너희는 사람이 아니다. 공부하는 기계라고 생각해라" 등의 이야기를 들어왔기 때문이다.

'간절히 바라면 꿈을 이룰 수 있다'기에 원하는 대학에 들어가기를 누구보다 간절히 바랐다. 하지만 애석하게도 대학수학능력시험을 망쳐버렸고 모든 과목에서 평소보다 2등급 이상씩 하락한 점수를 얻었다. 결국 점수에 맞추어 대학에 입학해야만 했다. 그녀는 크나큰 상실감과 좌절감에 빠졌다. 아니, 꿈으로부터 상처를 받았다.

매사에 생기발랄하던 소녀는 '아, 나는 평범한 인간에 불과하구나'라는 생각에 사로잡혀 자신감을 잃어버렸고, 부모님의 기대를 저버렸다는 자괴감에 시달렸다.

자신에 대한 깊은 실망감은 상상 이상으로 컸다. 20년간 피땀 흘린 노력의 성과를 측정하는 단 한 번의 시험대인 대학수학능력시험에서 실패해버린 자신을 용납할 수도, 용서할 수도 없었다. 자신을 냉정하게 대하면서 스스로에게 가혹한 채찍질을 가했다. 그렇게 스스로를 벌주며 살아왔다.

꽤 오랜 시간이 지난 지금도 그녀는 성공한 사람들이 방송에 출연해서 젊은이들에게 꿈을 가지고 도전하라고 하는 말을 들으면 채널을 돌려버린다. '당신은 잘났으니까 그렇게 말하는 거겠지. 꿈꿔서 뭐한담. 이루어지는 것도 아닌데……. 괜히 꿈꿨다가 이루지 못하면 누가 책임져주기나 하나?' 하는 생각 때문이다.

A의 이야기는 우리나라에서 특별할 것 전혀 없는 흔한 레퍼토리다. 우리는 주변에서 A에 해당하는 사람들을 얼마든지 찾아낼 수 있다.

고등학교 시절에는 대부분의 사람이 A처럼 좋은 대학에 입학하는 것을 유일한 꿈으로 삼는다. 그러나 그토록 갈망하고 노력했는데도 원하는 대학에 들어가지 못할 경우, 자신에게 지나치게 실망하고 꿈 자체를 증오하기도 한다. 결국 그렇게 꿈으로부터 상처받고 꿈을 외면한 채 인생을 산다.

그렇다면 반대의 경우는 어떨까? 원하던 대학에 입학하면 더 나은 인생을 살게 될까?

최근에 한 지인이 아들 문제로 심각하게 고민 중이라며 털어놓은 이야기다. 아들 B는 재수 끝에 자신이 희망하던 서울의 명문대에 진학했다. 그런데 군대까지 다녀온 아들이 얼마 전 자신을 찾기 위해 휴학을 하겠다고 돌발선언을 했다.

세대가 다른 부모는 그런 아들을 이해하지 못하는 눈치다. 지금껏 부족함 없이 자랐고 모두가 부러워하는 대학에 다니는 아들이 뭐가 아쉬워서 새삼 자신을 찾고 싶다는 걸까?

"아버지 어릴 적에는 먹고살기도 힘들었어" 내지 "네가 얼마나 좋은 위치에 있는 줄 아니? 모두가 너를 부러워하는데 감사해야지"라고 말해도 소용없다며 부모는 답답해했다. 하지만 부모는 훈계를 늘어놓으며 불안해하기보다 아들을 격려해줘야 옳다. "그래, 네 마음 이해한다. 무엇이든 경험해보고 네가 진정으로 원하는 꿈을 찾아보렴"이라고.

B의 문제는 결국 꿈 때문에 일어나는 방황이다. 어쩌면 매우 자연스러운 현상이며 반응이다. 아마 그는 고등학교 시절부터 원하는 대학에 들어가기만 하면 모든 것을 보상받을 것이라 생각하며 고통을 감내했을 것이다. '대학 합격'이라는 꿈을 이루면 사람들이 자신을 특별하게 봐주고 자신 역시 더 발전된 사람이 될 것으로 기대했을 것이다.

그렇게 재수까지 해서 원하던 대학에 들어갔는데 문제가 발생했다. 그동안의 기대가 신기루에 불과했음을 오래지 않아 깨닫게 된 것이다. 고대하던 즐거움이나 낭만이 기다리고 있지 않음을 알고 나면 갑작스레 삶은 허무해진다. 내가 무엇하러 그 고생을 감내했든가 하는 회의감마저 고개를 든다.

어디 가서 하소연할 데도 없다. 배부른 소리 한다고 핀잔을 들을 것이 뻔하기 때문이다. 원하는 회사에 취직하더라도 또 다른 허무함을 맛볼 것이 분명하다. 결국 무의식적으로 다음과 같은 결론에 도달할지도 모른다.

"누군가 인생은 본디 허무한 거라 하더라. 그런데 인생이 원래 그런 거라면 무엇 하러 그렇게 열심히 살아야 하나? 앞으로 남들처럼 대충 살자. 꿈 같은 건 필요 없다. 어차피 허무한 인생인데 이제부터라도 인생을 즐기면서 적당히 살자."

이러한 결론을 내면 유유자적 생을 편안히 즐기면서 살 것 같은데 이상하게 그렇지도 않다. '돈을 빨리 모아 회사를 그만두고 평생 여행 다니며 살자'거나 '은퇴한 다음에 편안히 놀려면 힘들어도 지금 돈을 벌어놓아야 해' 등으로 생각하게 되기 때문이다. 그렇게 생각하는 만큼 지금의 공부나 직장생활은 고통스러울 수밖에 없다. 일에 재미를 붙일 수가 없다. 매사를 피곤하게 보내니 주말만을 기다리게 되는 것은 당연지사다.

오늘날 대한민국은 '꿈 상실 공화국'이라 부를 만하다. 대학생이 되면 꿈이 사라져버리는 이상한 나라다. 모두가 좋은 대학이라는 동일한 꿈을 꾼다. 그리고 누군가는 꿈을 이루지 못해 좌절하며 반대로 누군가는 꿈을 이루고 허무해한다.

꿈을 이루고 허무함을 느끼는 사람들은 상대적으로 소수일 수밖에 없다. 선택할 수 있다면 꿈을 이루고 허무해지는 편이 나을지도 모른다. 좋은 대학이라고 해서 별거 없다는 것 정도는 직접 확인할 수 있을 테니까.

하지만 이들이 느끼는 절망감도 결코 가볍지 않다. 이들 역시 따뜻한 위로를 받길 원하지만 대부분의 사람들이 그 바람을 외면하기 때문이다. 그래서인지 매년 적지 않은 수의 명문대 학생들이 스스로 목숨을 끊고 있다.

이러한 안타까운 현상의 책임은 누구에게 있을까? 아무리 생각해도 일차적인 책임은 어른들에게 있다. 애당초 대학에 들어가면 모든 문제가 해결될 거라는 환상을 심어줘서는 안 되는 것이었다. 좋은 대학에 들어가야만 사람답게 살 수 있으며 그렇지 않으면 불행할 것이라는 식의 편협한 발언은 어떠한 상황에도 해서는 안 되는 것이었다.

기성세대의 의도는 이해한다. 아무래도 좋은 대학에 가는 것이 세상살이에 도움이 되니까 사랑하는 마음으로 그랬을 것이다. 하지만 6개월에 한 번씩은 이렇게 물어봐 주었다면 좋았을 것이다.

"네가 정말 하고 싶은 일이 뭐니? 꿈이 뭐니?"

열심히 공부하다가도 한 번씩 멈춰 서서 진정으로 원하는 삶을 생각해보도록 도와준다면 얼마나 좋을까?

돌이켜보면 아이가 초등학교 시절에는 "꿈이 뭐니?"라는 질문을 꽤 자주 던졌었다. 그런데 중·고등학교 시절에 꿈을 이야기하면 싹을 잘라버린다. '현실적으로 돈이 많이 든다. 먹고살기 어렵다. 취업이 어렵다' 등의 이유를 대면서 모두가 '대학'과 '안정된 직장'만을 유일한 꿈으로 삼고 달려가게 한다.

좋은 대학이라는 잘못된 꿈은 상처만을 남긴다. 잘못된 꿈을 간절히 꿀수록 상처는 깊어진다.

그래도 아직 희망은 있다. 여학생 A는 작년에 이 책의 꿈꾸는 기술을 통해 자신이 진정 원하는 꿈을 만들고 달라진 삶을 살고 있다. 그녀의 이야기다.

"이전에는 꿈꾼다고 해서 무슨 소용이 있을까 생각했어요. 하지만 꿈꾸는 기술을 배우면서 제대로 된 꿈이 없어서 힘들었다는 걸 알았어요. 꿈이 없던 시절에는 무의미하게 저를 혹사하고 가혹하게 대했어요. 하지만 꿈을 갖게 된 지금 저는 차분히 여유를 가지면서 열심히 공부하고 있어요. 모든 사람에게 잘 보여야 한다는 강박에서 벗어나 지금은 주변의 소중한 사람들을 챙기려고 노력하고 있고요. 꿈꾸는 기술을 진작 알았다면 얼마나 좋았을까요."

당장의 취업
vs
꿈꾸는 삶

특별히 나는 젊은이들과 대화하고 생각과 감정을 나누면서 하루하루를 살아가고 있다. 이들과 부대끼다 보면 기묘한 상상 하나가 내 머릿속에 맴돌곤 한다. 그다지 유쾌하지는 않지만 젊은이들의 처지를 조금 더 이해하게 하는 상상인 것 같다.

상상 속에는 내가 다녔던 초등학교 운동장이 등장한다. 추억속의 초등학교 운동장은 나의 몸이 작았던 것 이상으로 무척 넓은 공간이다. 성인이 된 이후 초등학교를 찾아갔을 때는 운동장이 이토록 아담했었나 하고 놀랐지만 어렸을 때 한번 각인된 운동장의 넓은 이미지는 지금도 내 머릿속에 그대로이다.

그 넓은 운동장에 수십만 명의 대학생들이 아무렇게나 모여서 있다. 고등학교를 갓 졸업하고 온 이들의 얼굴에는 기대감 반, 두려움 반으로 가득 차 있다.

이들은 그저 우두커니 서 있다. 고등학교 때는 선생님의 인솔하에 대열을 갖추어 질서정연하게 행진했었다. 그래서 이 운동장에 도달했는데 이제 와서는 아무도 어떻게 하라고 알려주지 않는다.

간혹 교수님이나 선배랍시고 다가온 사람들은 이제부터 스스로 길을 찾아야 한다는 말을 남기고 어디론가 사라져버린다. 붙잡고 이것저것 물어보고도 싶지만 다들 너무 바빠 보여 감히 엄두가 나질 않는다.

동년배들은 운동장에 멍하니 서서 눈치만 보고 있다. "내가 다 책임질 테니 아무 생각도 하지 말고 따라와"라고 말하는 막무가 내 인솔자라도 있으면 속 편하겠다고 푸념도 해본다.

한참을 서 있자니 주변의 경관들이 눈에 들어온다. 인솔자를 따라 행진할 때는 보지 못했던 멋진 풍경이다. 형형색색 다채로운 빛깔과 은은하면서도 강렬한 갖가지 향기, 불규칙하면서도 어딘가 조화로운 자연의 소리들. 경치를 둘러보고 친구들을 살펴보며 나 자신을 돌아본다.

하지만 어느 쪽으로든 한 걸음도 옮기지 못하는 것은 여전하다. 믿을 만한 인솔자 없이 혼자 움직였다가 잘못되면 어쩌나 싶어 감히 걸음을 떼어놓지 못한다. 그렇게 우두커니 세월을 보낸다.

그런데 멀리 바라보니 모르는 사이에 몇몇 사람들은 어딘가로 걸어가고 있다. 심지어 몇몇은 뛰어가고 있다. 도대체 어디로 가나 살펴보니 '취업 준비'라는 간판을 향해서이다. 저 간판의 존재는 진작 알고 있었다. 아직 그곳을 향해 가기는 이르다고 생각했는데, 조금 더 주변을 살펴보고 싶었는데……. 달려가는 친구들이 더 멀어지고 있다. 주변 친구들도 동요하는 눈치다. 슬슬 조바심이 난다. 이러다 뒤처지는 건 아닐까? 운동장에 홀로 남겨지는 건 아닐까?

아무리 떼려고 해도 안 되던 첫 발걸음을 그렇게 옮겼다. '취업 준비'라는 간판을 향해. 우두커니 서 있던 주변의 친구들도 같은 방향으로 걸음을 떼고 있다. 몇 걸음 옮겼을 뿐인데 '취업 준비'라는 간판은 갑작스레 더 커진 듯 보인다. 가만히 보니 사라졌던 선배들도 저 너머에서 뛰어가고 있다.

몇 걸음 가다 보니 발걸음에 속도가 붙는다. 가슴을 답답하게 하는 이 운동장에서 하루라도 빨리 벗어나고 싶은 마음에 달리기 시작한다. 덩달아 친구들도 속도를 높인다. 중·고등학교 시절부터 뒤처져서는 안 된다고 훈련을 받아온 덕분인지 그렇게 모두가 '취업 준비'를 향해 돌진하고 있다. 개중에는 영문도 모른 채 가는 친구들도 더러 보인다.

이 상상 속에서 내가 안타깝게 느끼는 부분 몇 가지가 있다. 그중에서 가장 안타까운 것은 젊은이들이 인생에서 자신을 돌아보고 자신이 무엇을 좋아하는지, 어떤 성향과 특성이 있는지 등을 파악할 수 있는, 어쩌면 자신에 대해 가장 확실하게 알 수 있는 기회를 손쉽게 허공으로 날려버린다는 점이다.

인생에서 아무것도 하지 않고 우두커니 서서 주변을 돌아볼 수 있는 기회는 그리 흔한 것이 아니다. 취업을 향해 달리기 시작하면 이후에도 계속 뛰어야 한다. 누군가의 질서정연한 인솔은 기대할 수 없으며 서로서로 자극하고 경쟁하는, 끝없는 레이스를 펼쳐야 한다.

운동장에서 서성이는 시간은 그러기에 소중하다. 어쩌면 20대만이 가질 수 있는 특권이다. 대학생활은 솔직하게 자신을 돌아보고 계산 없이 사람들을 만나며 순수하게 사회를 관찰할 수 있는 거의 유일한 시기다. 하지만 당시에는 그 소중함을 잘 모르기 쉽다. 막막한 운동장에서 하루라도 빨리 벗어나고 싶은 조바심에 쫓기기 쉽다.

내가 대학을 다닐 때의 분위기는 지금과 사뭇 달랐다. 어른들은 우리를 "먹고대학생"이라고 불렀다. 공부를 대충해도 취직에 별문제가 없었기에 학업에 있어서는 게으름도 좀 피웠다.

대학 시절 내내 운동권으로 돌아다니다가 4학년이 되어서야 어머니의 눈물에 마음을 고쳐먹고 대기업에 입사해 열심히 일하는 선배도 여럿 있었다. 지금은 상상도 못할 호랑이 담배 피우던 시절의 이야기다.

그렇다고 모두 좋은 회사에 들어갔던 것은 아니다. 소위 좋은 회사에 취직하는 것은 예나 지금이나 소수에게만 허락된 은총이었다. 하지만 예전, 적어도 IMF 이전에는 취업을 위해 준비할 것이 별로 없었다. 굳이 꼽자면 학점과 영어 정도였는데 영어도 전혀 까다롭지 않았다. 3학년 때까지 적당히 학점을 관리하며 놀다가 4학년 때 영어공부 하면서 여러 회사에 이력서를 넣는 것이 취업 준비의 전부라 해도 과언이 아니었다. 면접도 지극히 형식적이었다.

그렇다면 회사는 신입사원을 어떻게 뽑았을까? 철저하게 학벌을 보고 뽑았다. 예전에는 지금보다 학벌을 중시했다. 대학으로 서열을 정해놓고 신입사원을 뽑았다. 학벌이 좋으면 여러 대기업 중에서 골라서 입사할 수 있었으며 학벌이 나쁘면 대기업에 취업할 기회조차 전혀 없었다. 거기에 누구도 이의를 제기하지 않았으며 기업이 가지는 당연한 인사권으로 생각했다.

대학 시절 노력한다고 해서 취업할 수 있는 곳이 크게 달라지지 않았기에 대학생들은 넓은 운동장 곳곳을 탐색하며 4년의 세월을 보냈다. 다양한 추억을 쌓고 젊은이의 객기를 부리기도 하며 짝사랑하는 이성에게 한없는 정성을 쏟기도 했다. 그렇게 운동장에서 '즐기는 법'을 터득해갔다.

그에 비하면 지금의 대학생들에게는 운동장에서 마음 편히 서성거릴 시간이 턱없이 부족하다. 혹 서성거리더라도 대략 1년 남짓인 것 같다.

2학년 때부터 학원에라도 다니며 토익점수를 따고 자격증을 취득해야 한다. 3학년 때는 여러 자격증과 공모전, 어학연수, 봉사활동 등의 스펙을 쌓아야 한다. 학점관리는 기본이며 이러한 활동들을 하기에 1년은 부족하므로 통상적으로 휴학은 필수다. 4학년이 되면 본격적으로 자기소개서 작성, 면접 준비와 인턴 활동 등에 매진해야 한다. 게다가 매년 천만 원에 달하는 등록금도 만만찮은 부담이다.

솔직히 내가 지금의 대학생이라도 원하는 꿈을 찾기보다는 스펙 쌓기에 몰두하고 있을 것 같다. "시간도 빠듯한데 우선 스펙부터 쌓아놓자. 꿈에 대해 생각할 겨를이 어디 있어. 그건 나중에 해도 되잖아"라고 말하며.

꿈을 만들기 위한 시간적 여유가 절대적으로 부족한 게 사실이다. 그러나 그럴수록 영문도 모르는 채 스펙 쌓기에 올인해서는 안 된다. 그럴수록 더 불행해진다. 운동장에서의 그 짧은 시간이라도 반드시 꿈을 찾는 시간으로 활용하도록 스스로 경각심을 가져야 한다.

꿈이
사라질
수밖에
없는 이유

우리는 모두 초등학교 시절에 제각각 꿈을 가지고 있었다. 비록 자주는 변했을지라도 자기만의 멋진 꿈이 있었다. 또한 자신의 꿈을 이야기하면서 그 누구의 눈치도 보지 않았다. 그런데 어느 순간 그 꿈은 거짓말처럼 사라져버렸다.

꿈이 사라져버린 근본적인 이유는 무엇일까? 처음 이러한 의문을 품었을 때 나는 젊은이들 개개인의 나태함 또는 사회 전체의 책임 정도를 떠올렸다. 즉 젊은 세대들이 도전하기를 회피하고 안정만을 추구하는 것과 망가진 교육시스템을 비롯하여 젊은이들을 과도한 경쟁으로 내몰고 있는 사회의 탓이라 생각했다.

그런데 정말 이것이 개인의 문제이자 사회의 책임일까? 개인과 사회가 동시에 병들었다고 해도 이렇게 하나같이 꿈을 잃어버릴 수 있는 것일까?

주변에 있는 사람들에게 질문을 던져보자. "꿈이 뭐니?" 자신 있게 대답하는 사람이 몇이나 되는가? 혹시 사람들이 뭔가에 홀리거나 집단적인 최면에 걸려 꿈을 잃어버린 것은 아닐까?

그러던 어느 날 섬광처럼 이런 생각이 스쳐 지나갔다.

'어쩌면 인간은 원래 그런 것이 아닐까? 어린 시절에는 꿈을 잘 꾸지만 나이가 들수록 꿈이 사라지도록 설계된 것은 아닐까? 그래서 어른이 되면 꿈이 사라지는 현상은 누군가의 잘못이라기보다 원래 그런 것, 당연히 그럴 수밖에 없는 것이 아닐까?'

이 생각을 증명하기 위해 갖가지 노력을 다해보았다. 수많은 노력을 수포로 날린 끝에야 증거를 찾아낼 수 있었다. 힌트는 다름 아닌 뇌를 과학적으로 연구하는 '뇌 과학' 분야에서 얻었다. 어린 시절에는 자유롭게 꿈꾸지만 어른이 될수록 꿈이 사라지는 진짜 이유. 그것은 바로 우리의 뇌의 아주 특별한 디자인 때문이다.

나덕렬의 『앞쪽형 인간』에 따르면 두뇌에서 지적인 기능을 담당하고 인간으로서 품위를 유지시켜주는 부위가 있다. 그곳이 바로 '전두엽'이다. 전두엽은 뇌의 앞쪽에 있어 창의적인 생각, 종합적인 사고, 판단력, 의욕과 동기 형성, 감정 및 충동 조절, 예절 갖추기, 인내력 등의 역할을 담당한다. 또한 계획을 세우거나 결심을 하는 등의 목표지향적인 행위를 주관한다. 만일 전두엽이 손상되면 계획을 세우거나 결심을 하거나 아이디어를 구상하는 등의 사고가 불가능해진다.

이러한 사실들을 종합적으로 판단해볼 때 우리의 두뇌에서 꿈꾸는 일을 중점적으로 담당하는 기관은 전두엽이라 볼 수 있다.

전두엽은 두뇌에서 가장 늦게 성장하는 기관이다. 아이러니하게도 가장 먼저 퇴화하는 기관이기도 하다. 전두엽은 아이가 말을 하고 글을 읽기 시작할 무렵부터 성장하기 시작하는데 그 발달 속도가 너무나 점진적이어서 13~14세에 일차적으로 가완성된다. 가완성이라 함은 임시로 마무리된다는 뜻이다.

1990년대만 해도 뇌과학자들은 전두엽이 13~14세에 완전히 성숙하고 그 후에는 단지 경험을 축적해나갈 뿐이라고 믿었다. 그런데 최근 뇌과학 연구에서 13~14세에 가완성된 전두엽이 사춘기에 대대적으로 리모델링된다는 사실을 밝혀냈다. 전두엽의 리모델링 역시 평균 10년 동안 점진적으로 이루어지며 27~28세가 되어야 완성된다.

사춘기 때부터 최소 10년간 리모델링되는 전두엽. 사춘기를 겪는 중·고등학교 시절 전두엽은 사실상 제 역할을 할 수 없다. 건물이 리모델링하는 과정을 상상해보자. 건물의 곳곳에 건축 자재들이 널브러져 있고 인부들이 오간다. 분주하고 어수선한 분위기다. 당연히 건물 전체는 무질서하고 지저분하며 뒤죽박죽에다 엉망진창이다. 이렇듯 사춘기의 전두엽 역시 엉망진창일 수밖에 없으며 정상적인 기능을 하길 기대하기 어렵다.

존 가트맨의 『내 아이를 위한 감정코칭』에 따르면 사춘기 시기에 자녀가 갑작스레 반항하거나 방황하는 것도 전두엽의 리모델링이 그 원인이다. 사춘기의 전두엽은 여러 면에서 초등학생의 전두엽보다 기능이 현저히 떨어진다.

우리의 두뇌에서 꿈꾸기를 담당하는 전두엽. 그 전두엽이 제 기능을 발휘할 수 없다는 것. 그것은 결국 사춘기에 접어들면 꿈이 사라지게 됨을 의미하는 것이다. 어렸을 때는 안정적인 전두엽 덕택에 꿈을 꿀 수 있었으나 중·고등학교 시절에는 전두엽이 마비되면서 당면한 현실인 입시에만 연연하게 되는 것이다.

우리가 한 가지 주지해야 할 사실은 전두엽의 리모델링이 완료된 30~40대 이상의 청·장년층은 꿈꿀 수 있는 능력을 갖추고 있다는 점이다. 그런데 이들 역시 꿈이 없다. 왜 그럴까? 그 해답도 뇌과학에서 찾을 수 있다.

김주환의 『회복탄력성』에 따르면 우리의 두뇌는 아무리 충분한 영양을 공급받을지라도 적절한 외부자극이 없다면 제대로 성장할 수 없다. 예를 들어 갓난 원숭이를 어미로부터 격리시키면 아무리 잘 먹여도 갓난 원숭이의 뇌는 발육하지 못하고 쪼그라든다. 즉 두뇌는 사람들과의 접촉, 교감, 경험, 공부, 독서, 관찰, 학습 등의 외부와의 상호작용을 통해 성장할 수 있다는 것이다. 뇌과학자들이 "뇌는 사회적 실체다"라고 말하는 까닭이 여기에 있다.

전두엽의 리모델링이 완성되더라도 적절한 외부자극이 없다면 전두엽에 있는 꿈꾸는 기능은 사장될 수밖에 없다. 두뇌는 확실히 '사용하라, 그렇지 않으면 잃게 될 것이다'라는 원칙에 따라 움직이기 때문이다. 즉 전두엽이 회복되어도 꿈에 대해 묻지도 생각하지도 않고 눈앞의 이익에만 집착하며 산다면 꿈꾸는 능력은 줄어들 수밖에 없다.

사춘기에 꿈이 사라지는 것이 어쩔 수 없는 숙명일지라도 포기해서는 안 된다. 전두엽의 리모델링이 27~28세에 완성된다는 사실을 결코 잊지 말고 전두엽이 더 멋지게 리모델링되도록 노력해야 한다.

두뇌는 근육과 같아서 훈련할수록 더 좋아진다. 그런 의미에서 이 책의 꿈꾸는 기술을 적극적으로 활용하길 바란다. 처음에는 쉽지 않겠지만 자주 꿈꾸는 기술을 연습하다 보면 전두엽의 기능인 꿈꾸는 능력을 키우는 동시에 잃어버렸던 꿈을 되찾을 것이다.

꿈꾸는 과정에서 만나는 당연한 감정, 두려움

사춘기 시절에는 전두엽의 기능이 떨어지기 때문에 이 시기에 여러 면에서 심리적인 혼돈과 갈등이 일어날 수밖에 없다. 질풍노도의 시기라 하지 않던가? 머릿속에는 일관성 없고 모순적이며 혼란스런 생각들로 넘쳐난다. 시간이 지나면 상당 부분 정리되지만 어떤 생각들은 나이가 들어도 여전히 혼란스럽게 남아 있다. 가장 대표적인 것이 바로 꿈에 관한 생각이다.

우리는 꿈을 향해 도전하는 열정적인 사람들을 동경의 시선으로 바라본다. 표면적으로는 그들처럼 꿈을 가지고 싶다는 생각도 한다.

그러나 속을 들여다보면 꿈꾸기를 두려워한다. 나 역시 꿈꾸는 과정에서 두려움에 떨었다. 언뜻 보면 이해하기 어렵다. 왜 꿈꾸기를 갈망하면서 꿈꾸기를 두려워하는 걸까?

꿈꾸는 과정에서 만나는 두려움의 실체를 파악하기 위해 나는 30여 명을 대상으로 인터뷰를 진행했다. 인터뷰 결과를 요약하면 꿈꾸기를 두려워하는 감정은 다음의 세 가지 정도로 나뉜다. 아마 여러분이 이미 느끼고 있는 두려움일 것이다.

꿈을 떠올릴 때 엄습하는 첫 번째 두려움은 바로 '타인의 시선'이다. 남들이 '너한테 이런 꿈이 어울리니?', '네가 이룰 수나 있겠니?'라고 생각할까 두렵다. 청소년기에는 주변 사람들, 특히 친구들에게 시샘받거나 손가락질을 당하거나 놀림감이 될까 무섭다. 가끔 두려움을 넘어 공포를 느낀다. 그래서 있는 듯 없는 듯 평범한 삶을 선택하는지도 모른다.

둘째로 꿈을 정했다가 '실패'하게 될까 두려워한다. 과거에 실패한 상처가 남아 있다면 그 때문에 두려울 수밖에 없다. 반대로 별다른 실패가 없었어도 공든 탑이 훼손될까 두려워한다. 지금까지의 성공을 지키기 위해 방어적인 태도를 보이는 것이다.

실패하게 되면 뒷바라지해주시는 부모님을 실망시킬까 겁나고 괜히 꿈을 떠들고 다녔다가 주변 사람, 친구들로부터 신용을 잃을까도 걱정된다. 무엇보다 실패로 인해 나 자신에게 실망할까 두렵다. 괜히 꿈을 정했다가 '나는 겨우 이 정도에 불과하구나'를 확인하게 될지도 모른다. 실패한 자신을 또다시 용서하지 못하게 될까 무섭다.

셋째로 꿈 때문에 '안정적인 생활이 흔들리게 될까' 두려워한다. 텔레비전 드라마를 보면 흔히 주인공이 꿈을 위해 밑바닥에서부터 노력하는 모습이 등장한다. 요리기술을 배우기 위해 청소나 설거지부터 하거나 새벽같이 일어나 장을 보거나 배달하는 장면들 말이다.

그래서인지 꿈을 가지게 되면 삶을 송두리째 바꿔야 할 것 같은 부담을 느끼는 듯하다. 잠을 줄여서 더 일찍 일어나야 할 것 같고 더 많은 사람과 인맥을 만들려고 노력하며 더 열심히 일해야 할 것 같다. 부지런을 떨며 피곤함과 고생스러움을 감내해야 할 것 같다.

'그런 고생을 내가 감당할 수 있을까?', '왜 이렇게 고생해야 하지? 애당초 꿈이 없으면 편할 텐데…….' '평범한 직장인으로 살면 편안할 것 같은데 괜히 고생을 자초하는 건 아닐까?'

이러한 두려움 때문에 꿈은 다음으로 미룬다. 한동안은 지금처럼 지내기로 결심한다. '2~3년 정도 꿈꾸기를 미룬다고 뭐가 달라지겠어? 여유가 생길 때 꿈을 생각해도 늦지 않을 거야.' 그렇게 사람들에게 꿈은 잊혀간다.

꿈꾸는 과정에서 여러 이유로 마음속에 두려움이 떠오를 수 있다. 두려움은 꿈꾸는 과정에서 필연적으로 만나게 되는 감정이다. 어차피 만날 거라면 이왕이면 즐겁게 생각해보자. 먼 길을 함께 떠나야 하는 동행자로 여겨보자. 뒷걸음치며 피하기보다 두려움을 반갑게 맞이해보자. 그리고 용기를 가지자. 나 자신을 똑바로 마주 보기 위해서는 용기가 필요하다.

이 책에서 소개하는 꿈꾸는 기술들은 우리가 어떤 면에서 두려움을 느끼는지를 어렴풋하게나마 깨닫게 해줄 것이다. 꿈을 떠올릴 때 나 자신의 발목을 은근히 잡아왔던 두려움의 실체를 파악하게 될 것이다. 그리고 그 두려움에 맞설 수 있는 용기를 갖게 될 것이다.

먼저 인정해야 할 것은 꿈 앞에서 우리가 느끼는 두려움이 매우 자연스러운 현상이라는 사실이다. 그러한 두려움을 회피할 것이 아니라 당연한 것으로 받아들이자. 그렇게 열린 마음으로 꿈꾸는 기술을 적극 활용해보자. 반복해서 노력하다 보면 두려움을 이겨내고 마침내 가슴이 시키는 진정한 꿈을 만들어낼 수 있으리라 확신한다.

꿈꾸는
스위치를
작동시키라

범훈이의 꿈은 증권회사에 취직하는 것이었다. 그래서 돈을 많이 벌고, 여자친구와 결혼해서 행복하게 사는 것이었다. 그러던 범훈이가 꿈꾸는 기술을 통해 꿈을 좀 더 구체적으로 만들었다.

범훈이의 말이다. "꿈꾸는 기술을 배우고 나서 너무 제한적인 생각으로 살아왔다는 것을 깨달았어요. 한 번 사는 인생인데 이제부터라도 후회 없는 인생을 살 거예요."

예전에 범훈이는 증권회사에 입사하고 싶다는 생각뿐이었기 때문에 취업을 위한 학점, 영어 점수, 자격증 취득에만 몰두했다. 그러한 것들이 자신이 할 수 있는 전부라고 제한적으로 생각했다. 하지만 지금은 자신의 꿈을 향해 좀 더 근본적인 노력을 해나가고 있다.

"꿈꾸는 기술을 접하면서 뭔가 새롭게 눈뜨는 기분이 들었어요. 참으로 신기한 경험인데 내 속의 무언가를 자극해서 생각의 폭을 확장시키는 것 같아요. 예를 들어 전에는 노력하면서 많이 힘들어했는데, 지금은 고생하는 것이 당연하다고 생각해요. 더 넓고 크게 생각하게 된 것 같아요."

사람들은 젊은이들에게 꿈을 가지라고 말한다. 왜 도전하지 않고 안전한 길만을 추구하느냐며 다그치기도 한다. 하지만 이 땅의 젊은이들이 꿈을 꾸기에는 넘어야 할 산이 안팎으로 한둘이 아니다. 어쩌면 젊은이들은 꿈꾸지 않는 게 아니라 꿈꾸지 못하는 것일 수도 있다.

어떤 의미에서는 지금의 기성세대도 피해자다. 꿈꾸는 방법을 배울 기회가 없었기에 지금껏 꿈 없이 살아온 것이다. 이러한 악순환이 대물림되어서야 되겠는가? 더욱이 지금 우리 사회는 젊은이들을 더 극심한 경쟁 속으로 내몰고 있다. 요즈음 텔레비전에는 서바이벌 경쟁 프로그램들이 넘쳐난다. 이는 경쟁 중심의 사회 분위기와 무관하지 않다는 것이 내 생각이다.

여기 반가운 소식 하나가 있다. 그것은 꿈꾸는 기술이 분명히 존재하며 이 기술은 가르칠 수도, 배울 수도 있다는 사실이다. 지난 3년간 나는 여름과 겨울의 방학을 이용해 꿈꾸는 기술을 가르쳐왔다. 그리고 이 기술을 접한 젊은이들 모두 스스로 꿈을 만들어냈다.

꿈꾸는 기술이 어떤 마법을 부린 걸까? 내가 내린 결론은 이렇다. 이들에게 처음부터 필요했던 것은 어떤 '계기'였다. 새롭게 눈뜰 수 있는 계기, 즉 두뇌 어딘가에 잠자고 있는 꿈꾸는 스위치를 작동시킬 만한 계기 말이다. 꿈꾸는 스위치는 작동되기만을 오매불망 기다리고 있다. 그 스위치를 켜면 젊은이들은 기다렸다는 듯 꿈을 향해 상상의 나래를 펼칠 수 있다.

꿈꾸는 기술은 여러분에게도 꿈이라는 꽃을 피울 계기를 마련해줄 것이다. 편안한 마음으로 이 책을 읽고 희망을 품길 바란다. 범훈이를 비롯하여 수많은 젊은이들이 꿈꾸는 기술을 통해 꿈을 만들었다면 누구든 할 수 있다. 꿈꾸는 기술을 적극적으로 활용한다면 여러분의 꿈꾸는 스위치도 작동하리라 믿어 의심치 않는다. 이 책이 그 스위치를 켤 수 있도록 도와줄 것이다.

삶의 목적을
발견하라

희망직업은 목적이 아니라 과정일 뿐이다

사람들에게 꿈을 물어보면 미래의 희망직업으로 답하는 경우가 많다. 의사, 변호사, 국회의원, 연예인, 외교관, 아나운서, 선생님, 경찰관 등으로 대답하는 식이다.

희망직업을 가지면 좋겠다는 소망이 간절해지면 자신도 모르는 사이 희망직업이 삶의 목적으로 둔갑해버린다. 희망직업이 삶의 목적으로 굳어지면 급기야 그 직업을 가져야만 인생을 제대로 사는 것이고 그렇지 않으면 무가치한 삶을 사는 것이라는 착각에 빠지기도 한다.

하지만 생각해보자. 어느 누구도 어떤 직업을 가지기 위해 세상에 태어난 사람은 없다. 특정한 직업을 가져야만 삶에서 의미가 생기는 것도 아니다. 희망하는 직업을 얻지 못하더라도 충분히 의미 있는 삶을 살 수 있다.

희망직업은 20~30대에 성취 여부가 판가름나는 비교적 단기적인 꿈이다. 육상으로 치면 그 꿈은 100미터 앞의 골인 지점이다. 그러나 인생은 80년 이상을 살아가는 마라톤이다. 100미터와 마라톤은 본질적으로 다른 종목이다. 마라톤을 하면서 100미터 앞의 지점만을 향해 돌진하는 선수는 없다.

우리는 인생이라는 마라톤에 임하면서도 100미터 앞의 지점이 전부인 양 살고 있다. 앞서 대학 합격이라는 꿈 때문에 생기는 병폐들에 대해 이야기했는데, 동일하게 희망직업이라는 꿈 역시 우리에게 상처를 준다. 희망직업을 이루지 못하면 좌절하고, 성취하면 허무해진다. 희망직업이라는 꿈만을 간절히 바랄수록 인생은 불행해질 수밖에 없다.

이 주제와 관련해서 실은 나도 그리 떳떳하지 않은 삶을 살아왔다. 유년시절 내 꿈은 과학자였다. 외계의 공격으로부터 지구를 보호하는 로봇 태권브이 류의 만화영화에 깊은 감명을 받아 그러한 로봇을 만드는 과학자 김 박사를 선망의 대상으로 삼았다. 그런 과학자가 되고 싶었다.

중·고등학교 시절을 지나면서 '과학자'라는 꿈은 사라지고 '대학교수'라는 희망직업이 꿈으로 자리 잡았다. 텔레비전에 나오는 대학교수들은 모두 좋은 집에서 품위 있게 말하며 여유롭게 사는 것처럼 보였다. 그래서 어떤 분야든 상관없이 대학교수가 되기만을 바랐다. 대학교수는 나의 유일한 꿈이 되었으며 어느새 삶의 목적이 되어버렸다.

그래도 나는 축복받은 사람이다. 희망직업이라는 꿈을 이뤘으니 말이다. 하지만 그 과정에서 깊은 절망을 겪어야 했다.

카이스트(KAIST)에서 박사 과정을 공부할 때 꽤 오랜 기간 학교에 다녔다. 무려 7년 6개월이라는 기간이었다. 카이스트에서도 아마 최장 기록일 것 같은데, 그 이유는 연구에서 번번이 실패를 거듭했기 때문이다. 새롭고 창의적인 연구 결과물을 만들어내는 것은 당시 나에게 너무 버거운 일이었다. 아무리 생각해도 나는 연구에 재능이 없어 보였다.

살아야 할 이유를 도무지 찾을 수 없었다. 대학교수라는 꿈이 사실상 물 건너간 듯 보였기 때문이다. 졸업조차 하기 어려워 보였다. 동기와 후배들은 너도나도 박사 학위를 취득하고 학교를 떠났다. 그 모습을 지켜보는 내 마음이 얼마나 침통했는지 이루 말할 수가 없다. 극심한 스트레스 탓인지 머리숱까지 왕창 빠져서 대머리 비슷했을 정도였다.

어디서부터 잘못된 걸까? 뭔가 문제가 있는 것 같은데 도무지 원인을 찾을 수 없었다. 국비 장학생의 신분으로 학비 전액 면제에 덤으로 장학금까지 받았었다. 집안에 문제가 있는 것도 아니었다. 하고 싶은 공부를 원 없이 할 수 있는 상황이었다. 이 모든 게 감사한 일인데 왜 그렇게 힘들기만 했을까?

그러다 정신이 번쩍 드는 사건이 일어났다. 카이스트 기계공학과에서 박사 과정을 공부하던 학생 한 명이 자살한 것이다. 유서를 남겼는데 나와 유사한 스트레스를 겪으며 우울증에 시달렸던 모양이다. 그는 결혼해서 처자식도 딸려 있었다. 망치로 한 대 맞은 듯한 느낌이 들었다. 이러다 나도 죽을 수 있겠구나.

그리고 깨달았다. 내가 잘못된 꿈 때문에 그렇게 힘들었다는 것을. 축복받은 환경에서도 전혀 감사할 줄 모르고 여유도 없이 나 자신을 학대했던 이유, 그것은 잘못된 꿈 때문이었다.

하지만 당시 나는 해결할 방법을 몰랐다. 그래서 꿈을 포기하는 방법을 택했다. 흘러가는 대로 대충 살자. 바람 불면 부는 대로, 비가 오면 비를 맞으며 살자. 괜한 열심을 품지 말자. 그렇게 살아가니 마음이 한결 편안했다.

박사 과정을 중단하고 회사에 취직하기로 마음먹었다. 박사 학위가 인생의 전부가 아님을 뒤늦게라도 깨달아서 다행이었다. 지푸라기라도 잡는 심정으로 여러 회사를 알아보던 중 선배의 추천으로 삼성전자에 취직할 수 있었다. 회사에 근무하면서 틈틈이 연구를 병행했다. 운이 따라주어 연구를 마무리하고 박사 학위를 취득할 수 있었다. 그 후 꿈에서도 바라던 대학교수가 되었다.

지나고 보니 박사 과정 7년 6개월, 석사 과정 2년, 도합 9년 6개월의 시간은 결코 헛되지 않았다. 그 인고의 세월이 회사에서 즉시에 활용할 수 있는 '생각하는 힘'을 기르는 토대가 되어주었다. 지금 학교에서 강의를 하거나 연구를 할 때도 당시 단련했던 생각하는 힘이 적지 않은 도움이 되고 있다. 인생에서 공짜로 얻어지는 것은 없으며 헛되이 버려지는 것 또한 별로 없음을 확실히 깨달았다. 이러한 책을 쓰는 과정에서도 당시의 마음고생은 큰 밑거름이 되고 있다.

이제는 확실히 말할 수 있다. 희망직업은 목적이 아니라 과정일 뿐이며 결코 목적으로 삼아서는 안 된다는 사실을. 박사 과정 중에는 그 사실을 대수롭지 않게 여겼다. 그래서 무척 힘들었다. 대학교수라는 희망직업을 유일한 꿈으로 삼아선 안 된다는 사실을 진즉 깨달았다면 그렇게나 자신을 학대하지 않았을 것이다.

사람들은 간혹 '집 장만', '연봉 얼마', '승진' 등을 꿈으로 말하기도 한다. 이러한 것들도 '희망직업'과 비슷한 부류다. 목적보다는 과정으로 보아야 마땅하다.

어떤 책에서는 단기 목표가 이루어질 것 같으면 재빨리 또 다른 단기 목표를 설정하라고 충고한다. 만약 그렇게 한다면 늘 다람쥐 쳇바퀴 돌듯 단기적인 결과에 집착하며 살아야 할 것이다. 더군다나 단기 목표가 항상 이루어지는 것은 아니지 않은가?

희망직업을 삶에서의 통과 지점으로 생각하자. 아기가 젖을 떼고 걸음마를 배우며 기저귀를 떼는 것이 성장하는 데 필요한 과정이듯 희망직업도 그러하다. 통과 지점을 대충 통과하라는 뜻은 아니다. 과정임을 명확히 인지하면서 최선을 다해야 할 것이다.

나는 그리 대단한 인생을 살아온 사람이 아니다. 또한 나의 경험을 일반화하기도 어렵다. 그래서 내 이야기를 쓰는 자체가 매우 조심스럽다. 그럼에도 이 글을 쓰는 이유는 누군가에게 도움이 되리라는 생각에서다. 누군가에게 이 글이 깨달음의 계기가 될 수 있기를 희망한다.

언젠가의
쉼을
꿈꾸지 말라

항공사에 근무하는 김동수 과장의 꿈은 직장에서 은퇴한 이후 한적한 휴양지에서 펜션을 경영하며 편하게 쉬는 것이다. 같은 회사에 근무하는 박종현 대리의 꿈은 세계여행을 하며 즐기는 것이다. IT 업계에서 일하는 김정운 차장은 언젠가 귀농해서 여유롭게 사는 것을 꿈꾸고 있다.

이러한 꿈들을 한마디로 정리하면 '언젠가 쉬고 싶다'이다. 처음 들었을 때는 그다지 대수롭지 않게 여겼다. 하지만 이런 유의 꿈을 말하는 이들이 의외로 많았으며 대부분이 직장인이었다. 들을 때마다 뭔가 어폐가 있다는 느낌이 들었다. 사람들이 진정 원해서라기보다는 꽉 막힌 듯 답답한 현실에서 탈출하고 싶은 마음 때문은 아닌가 해서 말이다.

그 판단은 매우 모호하며, 사실 남이 관여할 사안도 아니다. 그렇기에 스스로에게 솔직하게 물어보아야 한다. 혹시라도 지금의 현실에서 도피하고 싶은 심정은 아닌지.

언젠가의 여유롭고 편안한 삶을 꿈꾸는 자체가 잘못은 아니다. 진정으로 원하는 일이 '쉼'이라면 그것 또한 존중받아 마땅하다. 하지만 '쉬고 싶다'는 꿈을 간절히 바랄수록 현실은 더 지겨워진다.

언젠가 마음 편히 쉬려면 젊은 시절부터 돈을 악착같이 모아야 한다. 그러한 생각을 강하게 할수록 오늘의 하루는 쓴 약을 먹듯 인고의 세월로 변질될 수밖에 없다. 단지 미래의 쉼을 위해 "인생은 본디 고달픈 거야"라는 누군가의 말이 진리이기를 바라면서 하루하루를 견디는 것이다.

하지만 생각해보자. 수명이 길어진 만큼 우리는 더 오래 일할 수밖에 없다. 쉬는 것이 진정한 행복인지는 일단 논외로 하자. 괴로움을 참으며 힘겹게 버텨왔건만 기대했던 여유는 더 멀어지지 않는가? 무지개를 좇아서 산을 넘고 물을 건넜지만 무지개는 더 멀리로 달아나고 있다. 죽음의 순간에서 '쉬고 싶다'는 꿈이 멀리 있는 무지개 내지 사막의 신기루였음을 확인한다면 얼마나 참담할까? '의미 있는 꿈을 향해 살아볼걸' 하는 후회가 들지 않을까?

쉬고 싶다는 꿈은 현실을 더 지긋지긋하게 만드는 마력이 있다. 우리의 발목을 잡는 꿈이 아니라 평생을 도전하고 의미 있게 살아가게끔 힘을 주는 꿈을 만들자. 인생은 생각만큼 길지 않다. 지나고 보면 찰나의 세월이다. 의미 있는 꿈을 가지고 후회 없는 인생을 살기에도 시간은 빠듯하다.

어떤 사람들은 가족의 행복, 사랑하는 삶, 건강, 좋은 아빠, 현모양처, 자녀의 성공 등을 꿈으로 말하기도 한다. 대표적으로 '행복'이라고 통칭할 수 있는데, 이러한 것들은 모두가 원하는 필수적인 가치이며 지극히 당연한 구호일 뿐이다.

행복은 인생에서의 추상적인 '총론'에 해당된다. '각론' 없는 '총론'은 공허한 메아리이며 뻔한 구호에 지나지 않는다. 모두에게 당연하고 공통적인 총론에 머무르는 꿈이 아니라 세부적인 각론으로서의 꿈을 가져야 할 것이다.

그렇다면 꿈이 어디까지 구체적이어야 할까? 이 질문에 대해서는 무 썰듯 딱 떨어지는 해답은 존재하지 않는다. 한 가지 기준은 꿈을 통해 하루하루의 삶에 새로운 의미가 생겨나고 우리의 생각과 행동에 긍정적인 변화가 수반될 수 있을 만큼은 구체적이어야 한다는 것이다.

허황된 망상이나 공상은 꿈이 아니다

나는 종종 흘러간 옛 노래들을 흥얼거린다. 그중 대표적인 곡이 바로 황규영의 「나는 문제없어」이다. 이 노래는 1993년도에 혜성처럼 등장하여 100만 장 이상의 판매를 올렸으며 각종 음악차트 1위를 휩쓴 당대 최고의 히트곡이다. 이 노래의 가사는 다음과 같다.

이 세상 위엔 내가 있고 나를 사랑해주는
나의 사람들과 나의 길을 가고 싶어
많이 힘들고 외로웠지 그건 연습일 뿐야
넘어지진 않을 거야 나는 문제없어

짧은 하루에 몇 번씩 같은 자리를 맴돌다
때론 어려운 시련에 나의 갈 곳을 잃어가도
내가 꿈꾸던 사랑도 언제나 같은 자리야

시계추처럼 흔들린 나의 어릴 적 소망들도

그렇게 돌아보지 마 여기서 끝낼 수는 없잖아
나에겐 가고 싶은 길이 있어

너무 힘들고 외로워도 그건 연습일 뿐야
넘어지진 않을 거야 나는 문제없어

「나는 문제없어」라는 제목과 노랫말로 사람들에게 용기와 힘을 건네준 이 노래는 사실 꿈을 이야기하고 있다. 아무리 힘들고 외로울지라도 내 삶에 문제가 없는 이유, 그것은 나에게 가고 싶은 길, 꿈이 있기 때문이다. 원하는 꿈을 향해 의미 있는 하루하루를 살고 있다면 꽤 괜찮은 인생이다.

사람들은 실현의 가능성이 미미한 어떤 사안에 대해 '꿈같은 이야기'라고 말한다. 그러한 발언의 밑바탕에는 꿈이란 허황된 망상이나 공상이라는 무의식적인 선입견이 깔려 있는 듯하다. '대통령'을 꿈이라고 말하는 어린아이처럼 어떠한 노력이나 실천 없이 어찌 보면 무책임한 망상이나 공상 정도를 꿈이라고 생각하는 것이다.

하지만 꿈은 허황된 망상이나 공상 정도가 아니다. 꿈은 내가 원하는 삶의 방식이며 무엇보다 평생을 통해 만들어가고 싶은 자신의 실천적인 의지를 내포하는 것이다.

가만히 생각해보면, 우리는 다음의 세 가지 삶의 방식을 놓고 고민하는 것 같다.

첫째, 남이 나에게 원하는 일. 둘째, 내가 잘할 수 있는 일. 셋째, 내가 하고 싶은 일.

인생에서 위의 세 가지가 합치될 수 있다면 그것은 축복이다. 남이 나에게 원하는 일을 내가 좋아하고 잘할 수 있다면 금상첨화일 것이다. 그러나 이런 경우는 극히 드물다.

적지 않은 사람들이 '남이 나에게 원하는 일'을 우선으로 고려한다. 좋게 보면 희생정신이 투철하고 착한 성품이라 볼 수 있다. 하지만 한편으로 좋아하는 일이 없고, 잘하는 일도 없는 별 볼 일 없는 인간으로 스스로를 평가절하하기 때문은 아닌지 살펴봐야 한다. 그러한 이유라면 이는 비극이다. 평생토록 남을 위해 자신을 희생하며 살기는 버거울 수밖에 없다.

혹자는 '자신이 잘할 수 있는 일'을 우선시하라고 말한다. 이왕이면 적은 노력으로 최대의 효과를 얻기 위함인데 이러한 합리성이 인생에서 항상 유효한 것은 아니다. 잘할 수 있는 분야를 찾고 싶은 마음 때문인지 우리는 어렵고 힘든 고비를 만나면 '내가 잘할 수 있는 분야가 아니야'라며 쉽사리 포기하곤 한다.

실은 예전에 내가 그랬다. 나는 스무 살이 넘어서 피아노, 요가, 스포츠댄스, 태권도, 탁구, 등산, 수영 등 다양한 취미들을 섭렵했다. 그런데 어느 것 하나도 진득하게 하지 못했다. 찾아오는 고비를 넘기지 못했기 때문이다. 내게는 그 어떤 재능도 없어 보였다. 재능을 찾으려는 성급한 마음으로 나는 무엇이든 금방 포기하곤 했다.

우선적으로 좋아하는 분야를 찾아서 이왕이면 즐겁게 노력해야 한다. 어느 분야든 쉬운 일은 없으며 처음부터 잘하는 사람도 없다. 좋아하는 분야에서 실력을 쌓아서 성장하고 그럼으로써 사람들이 나를 필요로 하게 만들어야 한다.

하지만 대부분의 사람들이 이를 거꾸로 한다. 남이 원하는 일에서 시작해서 그 일을 잘하려고 노력하며 그 일을 좋아하게끔 나를 끼워 맞추고 싶어 한다. 다른 사람의 필요에서 출발하기 때문에 언뜻 안전할 것 같지만, 애당초 내가 좋아하는 일이 아니었기 때문에 그 과정은 고난으로 변질하기 쉽다.

혹자는 말한다. 좋아하는 일을 찾으라는 조언이 사람들을 고통스럽게 한다고. 사람들을 현실로부터 괴리시키고 회사를 그만둘 궁리만 하게 한다고. 하지만 그러한 고통은 당연한 것이다. 자신이 원하는 꿈을 찾는 과정은 생각보다 고통스럽다.

세상에 공짜로 얻어지는 것은 별로 없다. 자신이 원하는 꿈을 찾는 과정이 편안하기를 바란다면 그것은 욕심이다. 그 과정이 당연함을 받아들이고 고통을 회피하기보다는 원하는 꿈을 찾기 위해 더 노력해야 할 것이다.

한 번 더 강조하자면 허황된 망상이나 공상은 꿈이 아니다. 내가 진정 원하는 것 그것이 바로 꿈이다. 그 꿈을 향해 평생을 노력하며 살아가는 것, 그것이 의미 있는 삶의 시작이다.

목적이
이끄는 삶을
살라

컴퓨터가 없던 시절에는 방법을 의미하는 'Know-how'를 아는 것이 능력이었다. 그런데 인터넷이 등장하면서 정보의 탐색능력을 뜻하는 'Know-where'가 중요해졌다. 이후에 정보 공유가 극대화되면서 의미를 뜻하는 'Know-why'를 아는 것이 능력의 핵심이 되고 있다. 정보 자체보다 정보의 목적과 의미를 파악하는 일이 점점 더 중요해지는 것이다.

인생에서도 왜 살아야 하는지를 아는 것이 점점 더 중요해지고 있다. 그러므로 희망직업이나 집 장만 같은 단기적인 꿈보다 근원적인 삶의 의미가 될 만한 꿈, 일생 동안 꼭 이루고 싶은 꿈, 장기적인 삶의 목적으로서의 꿈을 가져야 할 것이다.

아무런 의미 없이 세상에 태어난 사람은 아무도 없다. 우리는 모두 목적과 의미를 가지고 있다. 우리가 그것을 모르고 있기에 방황할 뿐이다.

사람들은 '삶의 목적'을 스스로 만들 수 있다는 생각 자체를 하지 않는 것 같다. 그래서 누군가 알려주기만을 기다린다. 그것은 우리가 스스로의 선택으로 세상에 태어난 것이 아니기 때문인지도 모른다. 누구도 자신을 스스로 만든 사람은 없다. 우리는 모두 세상에 보내어졌다.

그렇기 때문에 내가 직접 목적을 만든다는 것이 어딘가 맞지 않는 것 같다고 생각한다. 예를 들어 나무로 무언가를 만들 때 나무는 자신이 어떤 목적으로 어떻게 활용될지 전혀 짐작할 수 없다. 나무의 운명은 목수의 의도에 따라 결정될 뿐이다.

그러나 사람은 나무와 다르게 '자유의지'를 지니고 있다. 스스로가 미래를 어느 정도는 결정할 수 있는 선택권을 가지고 있다. 부산에서 살지 서울에서 살지를 의지로 선택할 수 있으며 어떤 직업을 가지고 누구와 결혼할지도 어느 정도 선택할 수 있다.

이러한 자유의지는 신이 허락한 소중한 특권이다. 그러므로 우리는 자유의지를 적극적으로 활용하여 삶의 목적과 의미를 만들어야 한다. 자유의지를 적극적으로 활용하지 않기 때문에 허무함을 느끼는지도 모른다.

삶의 목적과 의미. 그것은 남이 정해줄 수 없다. 내가 직접 만들어야 할 일이다. 어렵지만 불가능하지는 않다.

2008년 겨울 나는 꿈꾸는 기술을 연구하다가 삶의 목적으로서의 꿈을 만들었다. 결국 꿈꾸는 기술 덕분에 삶의 목적을 발견한 것이다. 내 인생 전체를 통해 이루고 싶은 꿈은 '젊은이들이 꿈을 가지고 행복하게 살도록 돕는 인생을 사는 것'이다.

꿈을 연구하면서 사람들이 꿈에 관해 오해하는 부분이 많다는 사실을 알게 되었다. 이러한 오해들을 바로잡고 젊은이들이 제대로 꿈꾸도록 돕는 다양한 저술 활동을 하고 싶다. 그것이 내 평생을 통해 이루어가고 싶은 가장 주요한 꿈이다. 이 책도 그 꿈의 일환이다.

한편 이런 생각도 든다. 책을 좋아하는 사람들이 과연 얼마나 될까? 책 읽기가 지루하거나 여유가 없는 사람들을 위해 꿈꾸는 기술을 알려주는 강연 활동도 계획하고 있다. 이왕이면 전 세계 젊은이들을 대상으로 펼치고 싶다. 신문이나 방송 등의 언론 매체를 활용하는 것도 효과적일 것 같다.

앞으로 나는 적어도 20년 이상 꿈에 대해 연구하고 책 집필과 강연 활동을 통해 젊은이들을 도울 것이다. 아마 20년 후에는 적지 않은 전문성을 쌓을 수 있을 테고 나와 비슷한 신념을 지닌 사람들도 여럿 만날 수 있을 것이다. 그러한 경험과 인맥을 바탕으로 2030년 즈음에는 '비전 아카데미'를 설립하여 젊은이들의 꿈을 실제로 돕는 터전을 만들고 싶다.

2040년에 나는 60대 중반이 된다. 그때까지도 책 집필, 강연 등으로 젊은이들의 꿈과 행복을 돕는 활동을 지속적으로 할 것이다. 동시에 전 세계 어린이들의 꿈을 도울 수 있는 장학재단을 설립하여 노후를 의미 있게 보내고 싶다.

이런 생각도 해본다. '나는 젊은이들의 꿈을 돕기 위해 세상에 태어난 것은 아닐까? 그래서 대학교수가 된 것이 아닐까?'

조금 이상하게 들릴지도 모르겠지만 이러한 인생의 의미를 만들지 못하라는 법은 없다. 나의 의지로 목적을 정하고, 그 목적을 이루어가는 삶을 살아가면 된다.

삶의 목적, 인생의 의미를 분명히 말할 수 있으면 허무나 회의감에 시달리지 않는다. 하루하루를 목적을 만들어가며 살아갈 수 있기 때문이다.

스토리형

꿈을 만들라

꿈꾸는
기술 2

높이 나는
새가
멀리 본다

지혜로운 인생 선배들은 이렇게 조언한다. "남이 하지 않는 일에 도전하라." "남과 차별된 능력을 계발하라."

참 그럴듯한 말인데 이는 그다지 매력이 없는, 모두가 꺼리는 비인기 종목에 도전하라는 의미이다. 즉 훗날 돌아올 이익을 바라보며 눈앞의 현실적인 손해를 감수하라는 뜻이다.

피겨 여왕 김연아가 일곱 살에 시작한 피겨 스케이팅. 당시 피겨 스케이팅은 대한민국에서 불모지나 다름없는 비인기 종목이었다. 나는 김연아의 어머니가 정말 위대한 분이라고 생각한다. 딸이 피겨 스케이팅에 아무리 뛰어난 소질을 보이더라도 그런 비인기 종목에 딸의 인생을 건다는 것은 아무나 내릴 수 있는 결단이 아니다.

당장 손해처럼 보이는 미련한 선택이 나중에 더 큰 이득으로 돌아오는 경우가 종종 있다. 인생사는 새옹지마(塞翁之馬), 전화위복(轉禍爲福)의 연속이다. 이 때문에 지혜로운 선배들이 당장에는 손해일지라도 남이 하지 않는 일에 도전하라고 조언하는 것이다. "젊어서 고생은 사서 한다"는 속담도 같은 뜻의 다른 표현이다.

남과 차별화된 능력을 키우고 아무도 하지 않는 일에 도전하려면, 미래를 내다보는 장기적인 안목을 지녀야 한다. 바둑으로 치면 두세 수 정도가 아니라 30~40수를 내다볼 때 당장의 손해나 불이익을 무릅쓰고 이후에 큰 이익을 얻을 수 있다. 여기에 장기적인 꿈을 만들어야 하는 이유가 있다.

하버드대학 연구자들은 '시간전망(Time Perspective)'이라는 흥미로운 개념에 대해 연구한 바 있다. 이는 무엇인가 계획하면서 좀 더 멀리까지 내다보는 습성을 뜻한다. 그들의 연구에 따르면 성공한 사람들은 시간전망이 길다고 한다. 장기적 안목으로 삶을 바라보면 여유를 가질 수 있으며 꾸준히 노력할 수 있기 때문이다. 긴 시간전망을 가진 사람들은 눈앞의 결과보다 먼 미래의 결실을 위해 노력하며 현재의 고통을 기꺼이 감내할 수 있다.

프랑스의 사상가 미셸 몽테뉴는 "현재 즐거움의 결과로 고통이 찾아온다면 그 즐거움을 피할 것이고, 나중에 더 큰 기쁨을 얻는다면 고통도 기꺼이 감수할 것이다"라고 말했다. 당장의 고통을 감수한다는 것은 어찌 보면 미련한 선택이다. 그러나 그 미련함은 미래의 큰 기쁨을 내다볼 줄 아는 사람만이 실행할 수 있는 훌륭한 미련함이다.

마가렛 미첼은 『바람과 함께 사라지다』를 위해 자료를 수집하는 데만 20년을 보냈다. 에드워드 기번은 『로마제국 쇠망사』를 쓰는 데 20년이 걸렸으며 노아 웹스터는 36년이나 걸려 『웹스터 사전』을 만들었다는 사실은 우리에게 시사하는 바가 적지 않다.

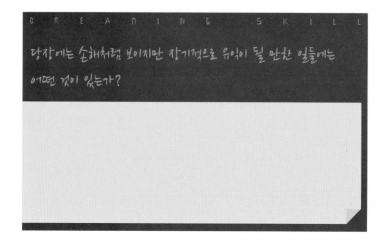

DREAMING SKILL

당장에는 손해처럼 보이지만 장기적으로 유익이 될 만한 일들에는 어떤 것이 있는가?

장기적인 안목을 가지면 좀 더 원대한 꿈을 만들 수 있다. 그러한 꿈을 꾸고 이루고 싶다면 '스토리형 꿈'을 만들어보길 바란다. '스토리형 꿈'이란 미래에 관한 스토리를 담고 있는 꿈을 뜻한다.

세상에는 실로 다양한 종류의 꿈들이 있다. 어떤 사람들은 '행복', '사랑'과 같은 추상명사이거나 '아파트', '자동차' 등과 같은 사물을 소유하는 것이거나 '영어', '수영' 등 자기계발 또는 '세계

여행', '결혼' 등의 특별한 경험이거나 희망직업 등을 꿈으로 말하기도 하는데, 이러한 꿈들 모두가 인생의 목적이 될 수는 없다. 이러한 꿈들은 목적이 아니라 인생의 과정으로 봐야 한다.

이제 여러분의 꿈을 다음의 세 가지 정도로 분류해서 생각해 보길 바란다.

단어형 꿈

초등학생들이 주로 말하는 '대통령, 대학교수, 연예인, 의사'와 같은 꿈들이 대표적인 '단어형 꿈'이다. 주로 희망직업을 꿈으로 삼는 것이다.

그러나 앞에서 밝힌 바와 같이 희망직업은 목적이 될 수 없다. 경찰관이 되기 위해 세상에 태어난 사람은 없다. 경찰관이 되지 못해도 인생이 무가치한 것은 절대 아니다. 우리가 꿈에 대해 막연한 거부감을 가지는 이유도 어린 시절 가졌던 '단어형 꿈'으로 인한 상처 때문일 것이다. '단어형 꿈'은 목적이 될 수 없으며 삶에서의 통과 지점일 뿐이다.

문장형 꿈

'단어형 꿈'보다 한 단계 발전된 형태이다. 예를 들어 경찰관이라는 직업 자체가 아니라 '경찰관이 되어 사람들을 보호해주는 삶을 살겠다'라는 내용에 초점을 맞추는 형태의 꿈이다. '사람을 치료해주는 삶', '사람들에게 행복을 주는 삶', '굶주린 사람들에게 식량을 나눠주는 삶' 등이 있다.

다음 문장의 빈칸을 채워봄으로써 문장형 꿈을 만들 수 있다.

"내 인생의 꿈은 사람들을 [   ] 것이다."

위의 문장을 좀 더 구체적으로 표현해본다면 "내 삶의 목적은 사람들에게 [   ] 하는 것이다", 혹은 "나는 사람들을 [   ] 하기 위해서 이 세상에 태어났다"로 볼 수 있다.

위의 빈칸을 다음의 동사들을 활용해서 채워보기를 바란다. 이 동사들은 잭 캔필드와 마크 빅터 한센의 『꿈을 도둑맞은 사람들에게』에 나온 내용을 참조하였다.

돕다, 감명을 주다, 용기를 주다, 치료하다, 보호하다,

아름답게 하다, 기쁘게 하다, 편안하게 하다, 사랑하게 하다,

추억을 되새기게 하다, 가르쳐주다, 배부르게 하다, 즐겁게 하다,

풍요롭게 하다, 세련되게 하다, 인정해 주다, 영향력을 미치다,

힘을 주다, 동기를 부여하다, 고양시키다, 섬기다, 준비시키다,

능력을 부여하다, 격려하다, 자극하다

이 동사들을 활용함으로써 다음의 빈칸에 자신의 문장형 꿈을 써보길 바란다.

나의 문장형 꿈을 써보라.

'문장형 꿈'은 어떤 직함의 사람이 되고 싶다는 '단어형 꿈'보다 나은 형태이지만 구체성이 떨어진다는 단점이 있다. 구체적인 계획이 없으므로 실행력이 떨어진다.

스토리형 꿈

'스토리형 꿈'은 이야기 형식의 꿈을 뜻하는데 '문장형 꿈'과 '단어형 꿈'의 장점을 모두 포함하는 형태이다. 꿈을 이루어나가는 과정에서 펼쳐질 미래의 인생 이야기를 미리 그려보는 것으로 우리가 가져야 할 삶의 목적으로서 꿈의 형태이다. 나의 미래 자서전이라 볼 수도 있다.

이 꿈의 형태는 다음 그림과 같다.

| 스토리형 꿈 |

내 인생의 문장형 꿈:

30년 후의 미래이력서:

5년 후
중간목표

10년 후
중간목표

15년 후
중간목표

20년 후
중간목표

25년 후
중간목표

5년 후 중간목표를 이루기 위한 실천 계획:

'스토리형 꿈'의 형태에서 가장 상위에 문장형 꿈이 위치한다. 그 아래에는 30년 후의 미래이력서를 작성해본다. 이에 대한 설명은 '꿈꾸는 기술 5'에서 자세히 설명하겠다.

그 아래에는 '문장형 꿈'을 이루어가는 과정으로서 5년, 10년, 15년, 20년, 25년 후에 달성해야 할 중간목표가 배치된다. 자신이 원하는 희망직업은 중간목표 중 어딘가에 위치시키면 된다. 중간목표의 달성 연도는 필요에 따라서 변경될 수 있다.

5년, 10년, 15년, 20년, 25년 후의 중간목표를 연결시키면 하나의 인생 스토리가 된다. 이렇게 만들어진 스토리는 나의 미래 자서전이라고 보아도 무방하다.

스토리형 꿈을 제대로 만들기 위해서는 다음의 두 가지를 주의해야 한다.

첫째, 믿음이나 가치관을 담아야 한다. 자신이 중요하게 생각하는 가치관과 일치해야 꿈을 향해 집중할 수 있기 때문이다. 예를 들어 팔고 있는 냉장고의 성능이 별로라고 생각한다면 영업에 집중할 수도, 당연히 성공할 수도 없다.

스토리형 꿈에는 멋진 단어들의 나열 정도가 아니라 인생에서 진정 중요하다고 믿는 가치관의 내용이 담겨 있어야 한다. 남의 의견을 그대로 받아들여서는 곤란하다. 스스로에게 중요한 가치들이 포함되어야만 즐겁게 집중할 수 있다. 그렇지 않으면 꿈을 향해 노력할수록 삶은 공허해질 수밖에 없다.

둘째, 구체적인 미래상을 그려야 한다. 막연한 미래가 아니라 구체적이고 발전적으로 10년, 20년, 30년 후 자신이 원하는 모습을 담아야 한다. 어느 정도여야 할지에 대한 정답은 없다. 미래상은 구체적이면 구체적일수록 바람직하다.

이 책의 꿈꾸는 기술들은 '스토리형 꿈'의 빈칸을 채울 수 있도록 여러분을 이끌어줄 것이다. 그러므로 지금 당장 스토리형 꿈의 빈칸을 채우기 어렵더라도 막막해하지 않아도 된다. 또 이 책의 부록에 스토리형 꿈의 예시가 수록되어 있으니 참조하면 좋을 것이다.

스토리형 꿈에는 창조하는 힘이 있다

저명한 미래학자 앨빈 토플러는 1980년대에 세계적인 베스트셀러 『제3의 물결』을 집필했다. 30년 전에 쓰인 이 책은 현재 우리 사회의 주요한 현상들과 그 이유에 대해 상당 부분 설명해준다. 또 우리가 곧 맞이할 미래에 대해서도 정확히 예견하고 있다. 마치 한편의 예언서를 읽는 듯 서늘한 느낌이 들 정도다.

　『제3의 물결』의 미래 예견이 이토록 정확한 이유는 무엇일까? 첫 번째 이유는 역시나 토플러의 뛰어난 통찰력 덕분일 것이다. 그의 탁월한 안목과 직관은 예리하고 섬세해서 감탄을 금하지 못할 정도다.

　두 번째 이유로는 일반 대중이 토플러의 미래 예견이 곧 실현될 것으로 믿고 있기 때문이다. 따라서 시대를 앞서 가려는 리더나 기업은 그의 예견을 이루어내기 위해 앞다투어 노력하고 있다. 결과적으로 그의 예견은 더 정확해진다.

그런데 일반 대중이 토플러의 미래 예견을 믿는 까닭은 무엇일까? 토플러는 다양한 스토리를 근거로 미래를 예견하고 있다. 먼 미래에 관한 예견이므로 단편적인 사실이나 통계치는 설득력이 떨어진다. 그러나 꼬리에 꼬리를 무는 이야기들을 등장시킴으로써 사람들로 하여금 제법 그럴듯하다고 생각하고 미래가 그러한 방향으로 흘러갈 것으로 기대하게 하는 것이다.

EBS 아이의 사생활 제작팀에서 펴낸 『아이의 사생활』은 뇌가 유독 '스토리'를 좋아함을 밝히고 있다. 우리의 뇌는 단순한 단어의 나열보다 스토리에 더 큰 흥미와 집중력을 보인다는 것이다. 뇌의 이러한 특성은 1969년 바우어와 클라크의 실험에서 밝혀졌다. 관련 없는 단어일지라도 스토리로 만들면 우리의 뇌가 더 많이 기억하고 집중한다는 것이다. 스토리를 만들어 암기한 사람들은 단어의 수뿐 아니라 순서까지도 정확히 기억했다.

단순한 단어형 꿈이나 추상적인 문장형 꿈이 아니라 '스토리형 꿈'을 만들어야 하는 이유가 여기에도 있다. 미래에 펼쳐질 자신의 인생 이야기가 담긴 스토리형 꿈을 만듦으로써 우리의 꿈은 좀 더 강력한 예견력을 가지게 될 것이다.

스토리형 꿈에는 창조하는 힘이 있다. 꿈을 스토리형으로 만들었다는 사실 자체만으로 우리의 인생에는 그러한 창조의 힘이 나타나게 된다. 미래를 창조해내고 있는 토플러의 예견처럼.

스토리를 담은 예견이 미래를 창조해내는 현상들은 일상에서 종종 발생한다. 이름 있는 투자전문가가 주식시장이 상승할 것으로 예견하는 스토리를 퍼트린다면 그 사람의 미래 예견 때문에 너도나도 주식을 구매해 결과적으로 주가가 오르는 현상도 같은 이치다.

그리스신화의 대표적인 비극 오이디푸스 왕의 이야기도 그러한 사례다. 오이디푸스의 아버지 라이오스 왕은 곧 태어날 아들에 의해 죽게 될 운명이라는 신탁의 이야기를 듣는다. 잔인한 신탁을 굳게 믿은 왕은 갓난 아들의 발꿈치를 뚫고 산에 버리게 한다. 그러나 오이디푸스는 천신만고 끝에 살아남고 친아버지를 우연히 살해하게 된다.

애초에 라이오스 왕이 그러한 신탁을 무시했다면 어떻게 되었을까? 라이오스 왕이 아들을 사랑으로 키웠다면 어떻게 되었을까? 그러한 비극은 없었을지도 모른다. 라이오스 왕은 자신의 미래를 결정할 자유의지를 가지고 있었다. 그럼에도 그는 가장 잔혹한 선택을 실행했으며 결과적으로 냉혹한 신탁은 이루어졌다.

타임머신을 타고 20년 후 나의 미래를 엿보았다고 상상해보자. 미래를 보았다는 사실 자체만으로도 미래는 변모하게 된다. 좋은 미래를 보았다면 희망에 부풀어서 그 미래를 더 빨리 실현하려고 확신을 가지고 노력할 수 있다. 반대로 나쁜 미래를 보았다면 그러한 미래를 막기 위해서 지혜를 짜내면서 노력할 수 있다. 우리는 미래를 만들어나갈 자유의지를 지니고 있다. 지혜로운 결단과 노력으로 미래를 좋은 쪽으로 창조해나갈 수 있다.

한번 더 강조하자면 스토리형 꿈에는 우리의 미래 이야기가 담겨 있기 때문에 우리의 두뇌에 훨씬 깊이 각인될 수 있다. 자신의 미래 이야기를 실현시키기 위해 뇌는 고도의 집중력을 발휘하게 될 것이다.

관광경영학과에 다니는 다영이는 "관광을 통해 세계에 한국을 알리고, 불우한 아이들에게 해외여행의 기회를 무료로 제공하고 싶다"를 스토리형 꿈으로 정했다. 그래서 졸업한 후에 외국계 항공사의 승무원이 되기를 희망하고 언젠가 자신의 여행사를 세워 한국을 알리는 사업을 하면서 불우한 아이들에게 무료여행의 기회를 제공할 꿈을 꾸고 있다.

스토리형 꿈을 가지면서 다영이에게는 뭔가 새로운 변화가 일어났다. 전혀 색다른 것들이 새롭게 눈에 들어오기 시작한 것이다. 학교 건물이나 게시판 곳곳에 붙어 있는 광고물에서 '관광', '대한민국 알리미', '홍보 도우미', '봉사활동' 등의 단어들이 크게 보였다. 인터넷 서핑을 하다가도 자신의 스토리형 꿈과 관련된 키워드나 기사들이 보이면 클릭을 했다.

그러던 어느 날 학교 화장실에 붙어 있는 광고물이 눈에 확 들어왔다. 외국인들에게 한국을 소개하는 대학생 홍보대사를 모집하는 것이었다. 평소에는 그 위치에 그런 광고물이 있는지도 몰랐다. 연락했더니 용케도 선발되었다. 영어도 연습하고 외국인 친구들도 사귈 수 있는 좋은 기회였다. 그렇게 다영이는 자신의 스토리형 꿈에 걸맞은 여러 봉사활동을 체험하면서 관련된 공모전에 도전하고 자격증을 취득하는 등의 계획을 실천해가고 있다.

다영이의 원래 꿈은 '항공사 승무원'이라는 단어형이었다. 꿈을 단어형에서 스토리형으로 구체화했을 뿐인데 다영이의 두뇌는 훨씬 맹렬하게 꿈에 집중하고 있다. 스토리를 가진 꿈, 줄거리를 가진 꿈에 우리의 두뇌가 더 높은 집중력을 발휘하기 때문이다.

일본 최고의 부자이며 동양의 빌 게이츠라 불리는 소프트뱅크 손정의 회장은 대학 3학년 때 자신의 인생 50년 계획을 수립했다. 손 회장의 인생 계획도 크게 보면 스토리형 꿈으로 볼 수 있다. 당시에 세운 손 회장의 인생 계획은 다음과 같다.

"20대에 사업을 일으키고 이름을 떨친다, 30대에 천억 엔의 자금을 모은다, 40대에 커다란 사업을 일으킨다, 50대에 사업에서 더 큰 성공을 이룬다, 60대에 후계자에게 사업을 인계한다."

손 회장은 버클리대학에 다닐 때부터 컴퓨터가 세상의 중심이 될 것으로 내다보았다. 전공은 경제학이었지만 컴퓨터 칩 사진을 지니고 다녔을 정도로 컴퓨터를 열심히 공부했다. 이러한 꿈과 안목을 지녔던 손 회장은 대학생 시절에 음성인식 번역기를 개발해 100만 달러의 금액으로 샤프전자에 팔기도 했다.

이후 1981년에 소프트뱅크를 세우고 1996년에는 검색엔진 야후에 150억 엔이라는 거액을 투자했다. 당시의 야후는 직원 열다섯 명에 2억 엔의 적자 상태였다. 이에 대해 미국 언론들은 "일본에서 온 마지막 거품남"이라며 비아냥거렸다. 그러나 손 회장의 선견지명은 적중했으며 야후의 주가폭등과 함께 그는 일본 최고 부자반열에 올랐다.

손 회장은 먼 미래까지 내다보는 스토리형 꿈을 가졌기에 항상 도전할 수 있었다. 손 회장은 장기적인 인생 계획의 중요성을 강조하며 한 언론과의 인터뷰에서 다음과 같이 말했다.

"눈앞에 있는 것만을 보기 때문에 멀미를 느끼는 것이다. 몇백 킬로미터 앞을 보라. 그곳은 잔잔한 물결처럼 평온하다. 나는 그런 장소에 서서 오늘을 지켜보고 사업을 하므로 전혀 걱정하지 않는다."

아홉 개의 계열사를 거느린 중견기업의 회장이자 건국대학 겸임교수이며 교회 장로님이신 분이 있다. 대의그룹 채의숭 회장이다. 채의숭 회장은 가난한 시골 마을에서 태어나 1950년대에 대천농업고등학교를 다녔는데 2학년 재학 시절에 원대하고도 장기적인 스토리형 꿈 세 가지를 설정했다.

첫째는 박사 학위를 가진 교수가 되는 것이고 둘째는 큰 회사의 사장이 되는 것이며 셋째는 100개의 교회와 학교를 세우는 것이다. 그 어느 것에도 실현될 가능성은 희박했다. 그저 후회 없는 인생을 살고 싶은 그의 의지가 담겼을 뿐이었다. 이 세 가지 꿈은 그를 이끌어주는 인생의 목적이 되었다.

농업고등학교에 재학하고 있었지만 평생을 도전하며 살겠다는 결심을 하게 된 그날부터 그는 하루도 기도를 거르지 않았다. 꿈을 향한 의지가 확고했기에 삶을 하찮은 것에 허비할 이유가 없었다.

채 회장은 대우그룹에 입사하여 1981년 대우 아메리카 사장을 역임했다. 그러던 어느 날 그는 장난감 공장을 운영하는 친구에게 돈을 빌려줬다가 받지 못해 공장으로 찾아갔다. 그런데 친구는 없고 밀린 임금을 받지 못한 직원들만 보였다. 그래서 그 공장을 직접 인수해 사업을 시작했다. 그렇게 창립한 것이 대의테크이다. 현재 회사는 자동차 플라스틱, 부품, 건설에 이르는 다방면의 계열사 아홉 개를 거느린 중견그룹으로 성장했다.

채 회장은 두 개의 꿈을 이미 이루었다. 대의그룹을 창업하였으며 건국대학에서 경제학 박사 학위를 취득하고 겸임교수가 되었다. 세 번째 꿈은 진행 중인데 이미 스물일곱 개 나라에 80여 개의 교회와 학교를 설립했다고 한다.

꿈을 향해 달려온 그의 삶이 순탄하기만 했던 것은 아니다. 홍수에 공장이 물에 잠겨 파산하기도 하고 화재가 발생해 막대한 손실을 보기도 했다. 그럼에도 채 회장은 꿈을 포기하지 않았고 지금껏 도전하는 인생을 살아오고 있다.

채 회장은 개인으로서는 이례적인 선행도 많이 베풀었는데, 그러한 공로에 힘입어 2009년에는 세계평화상을 받기도 했다. 세계평화상은 미국 워싱턴에 본부를 두고 케네디 전 미국 대통령의 유지를 받들어 1961년에 제정된 상으로, 인류의 평화를 위해 헌신한 인물이나 단체가 수상해왔다. 역대 수상자로 로널드 레이건 미국 전 대통령을 비롯하여 무바라크 이집트 대통령 등이 있는데, 기업인으로서는 채의숭 회장이 최초의 수상자이다.

자신만의 스토리형 꿈으로 남다른 인생에 도전해온 또 한 명의 여성이 있다. 다름 아닌 힐러리 클린턴 미 국무장관이다. 힐러리는 10대 시절부터 미국 최초의 여자 대통령이 되겠다는 꿈을 키웠다. 웬만한 사람들은 말하기조차 쑥스러운 대통령이라는 꿈을 소녀 시절부터 갈망해온 것이다.

　힐러리는 구체적으로 3단계의 스토리형 꿈을 세웠다. 첫째, 남편을 미국 대통령으로 당선시킨다. 둘째, 퍼스트레이디로 활동하면서 국민에게 대통령에 버금가는 뛰어난 여자, 대통령이 되기에 충분한 여자라는 믿음을 심어준다. 셋째, 대통령에 출마해서 당선된다.

　남다른 스토리형 꿈을 가져서인지 힐러리는 평범한 소녀들처럼 살지 않았다. 집에서 멀리 떨어진 웰즐리여자대학에 입학했고 정치학 교수 밑에서 조교 활동을 했으며 예일대학 법학과에 입학했다. 변호사 업무를 수행하면서도 사회적 약자들을 위해 발 벗고 나서고 남편 빌 클린턴의 선거운동을 지휘해서 두 번이나 대통령에 당선시켰으며 이제는 자신이 대통령이 되기 위해 도전하는 중이다.

　이 모두가 최초의 여성 대통령이 되고자 하는 그녀의 스토리형 꿈 때문에 가능한 도전이며 노력이었다. 미국의 정치학자들은 빌 클린턴이 힐러리를 만나지 못했다면 대통령 될 수 없었을 것이라고 말할 정도이다.

　다시 한번 강조한다. '스토리형 꿈'에는 미래를 창조하는 힘이 있다. 그러므로 생각할 수 있는 가장 긍정적인 미래 이야기들을 '스토리형 꿈'에 담아야 한다. 그렇게 만든 미래 이야기들을 즐거운 마음으로 되새겨보자. 그렇게 하면 자신도 모르게 자발적으로 노력하고, 자신의 꿈에 어울리는 사람으로 조금씩 변모하게 될 것이다. 지금 이 순간 나만의 스토리형 꿈을 만들기 바란다.

미래는 예측하는 것이 아니라 창조하는 것이다

준희의 꿈은 '성공한 여성 CEO가 되어 글로벌 자선단체를 설립하여 어린이들을 후원하는 것'이다. 준희는 자신이 작성한 스토리형 꿈을 여러 장 출력하여 자신의 방을 비롯하여 책과 노트 등 이곳저곳에 붙여놓았다. 그러던 어느 명절에 친척들이 우연히 준희의 스토리형 꿈을 보게 되었다.

친척들은 준희가 전혀 예상치 못한 반응을 보였다. 준희는 자신을 철부지 어린아이가 아니라 어른으로 존중하는 느낌으로 바라보는 친척들의 시선에 전율을 느꼈다. 비웃을 줄 알았던 사촌 오빠와 언니들도 "어떻게 이런 꿈을 정할 수 있었니?"라고 물어보았다. 얼마 전 아버지는 회사 일로 준희에게 자문을 구하기까지 했다. 이는 준희에게 실로 감격스러운 사건이었다.

준희의 스토리형 꿈이 부모님을 비롯한 친척들에게 준희가 더 열심히 노력하며 살 것이라는 '믿음'을 준 것이다.

얼마 전 준희는 휴학을 결정했다. 그 과정에서도 스토리형 꿈의 위력을 실감했다. 오빠를 비롯한 가족들은 3학년을 마치고 휴학하는 것이 어떠냐며 2학년을 마친 준희의 휴학에 난색을 표했다. 하지만 준희는 3학년을 마치나 2학년을 마치나 시기가 절대적이지 않으며 무엇을 어떻게 하느냐가 더 중요하다는 요지로 자신의 계획을 이야기했다.

그러한 준희의 주장에 부모님과 오빠는 의외로 순순히 수긍했다. 가족들이 준희의 의견을 존중해준 것이다. 예전 같았으면 어림도 없을 이야기다.

준희는 그 변화의 계기가 바로 자신의 스토리형 꿈 때문이라고 생각한다. 물론 준희가 자신의 스토리형 꿈을 향해 열심히 노력하는 모습을 가족들이 지켜본 것 또한 큰 이유일 것이다.

30년 후 미래를 내다보는 장기적인 꿈을 만드는 것. 그것이 바로 '스토리형 꿈'의 핵심이다. 그렇지만 30년 후의 미래가 어떻게 전개될지 우리는 전혀 장담할 수 없다. 우리는 한 치 앞도 가늠할 수 없는 존재이기 때문이다.

"미래는 예측하는 것이 아니다. 창조하는 것이다"라는 말이 있다. 미래를 예측하기 이전에 우리는 미래를 창조해나갈 자유의지를 지니고 있다. 행복한 결혼생활을 원한다면 배우자와 서로 맞추어가며 살겠다는 의지를 가지고 노력하는 것에서 시작해야 한다. 미래에 끌려가지 않고 창조해내겠다는 의지로 노력하는 것이 꿈을 이루는 가장 현명한 길이다.

혹자는 꿈이 생기기만 하면 죽어 있던 열정과 의지가 솟아날 것이라 말하기도 한다. 이는 꿈에 대한 우리의 대표적인 오해다. 가만히 있는 나를 꿈이 바꿔줄 수는 없다. 삶을 바꾸길 원한다면 나 자신이 '남다른 삶을 살겠다'는 의지를 품어야 한다.

그러므로 먼저 '맹목적인 삶을 거부하고 30년 후의 미래를 창조해내겠다'는 의지를 품고 스토리형 꿈을 만들자. 또한 그 의지를 최대한 주변 사람들에게 알리자.

20대 초반인 진영이의 꿈은 '작은 중소기업을 운영하는 아버지의 사업을 이어받아 회사를 글로벌기업으로 성장시키고 초·중·고등 대안학교를 설립하는 것'이다. 이를 이루기 위해 세부적인 스토리형 꿈은 야심차게 회계와 법률 분야의 전문가로 정했다. 현재 진영이는 공인회계사 시험을 준비하고 있으며 향후에는 로스쿨에도 진학하여 변호사 자격증도 취득하기를 꿈꾸고 있다.

만약 진영이의 꿈대로 진영이가 15년 후 아버지를 이어 회사의 신임사장으로 취임하게 된다면 진영이는 취임식에서 무슨 말을 해야 할까? 역시 자신의 꿈을 말하는 것이 좋겠다. '10년 내에 회사를 글로벌기업으로 도약시키겠다' 등의 목표와 함께 자신의 세부적인 계획을 말하는 것이다.

신임사장이 직원들에게 비전을 선포하는 이유는 그러한 발전을 위해 최선을 다하겠다는 스스로의 의지를 천명하는 것이다. 신임사장의 그러한 비전에 직원들도 의기투합할 수 있을 것이다.

나는 경영학과 신입생들을 대상으로 강의할 때마다 학생들에게 일일이 꿈을 물어본다. 대부분은 꿈을 말하지 못한다. 하지만 맨 앞줄에 앉아 있던 현길이는 당당하게 "변호사가 되어 어려운 사람들을 돕고 싶어요"라고 대답했다.

현길이는 어떻게 꿈을 당당히 말할 수 있었을까? 다른 친구들보다 잘났기 때문일까? 머리가 더 좋거나 입학성적이 월등했기 때문일까? 아니다. 현길이가 꿈을 당당하게 밝힌 것은 대학 4년 동안 최선을 다해 살겠다는 의지의 표출이다.

사실 현길이는 어려운 환경 때문에 방황했던 학생이다. 고등학교를 중퇴하고 검정고시를 치러 대학에 입학해야 했다. 그에게 대학은 귀한 선물과도 같은 것이었다.

그는 결심했다. 최선을 다해 열심히 살아서 변호사가 되어 자신처럼 어려움에 부닥친 사람들을 도와주겠다고. 그래서인지 대학 4년을 절대로 허비하지 않으려고 노력한다.

반면 꿈이 없다고 말하는 학생들은 맹목적으로 4년을 허비해버릴 가능성이 크다. "교수님, 이제까지 대입 공부 하느라 지쳤어요. 대학 4년은 남들처럼 적당히 놀고 싶어요"라고 말하는 것과 다름없기 때문이다.

노력 없이 바라는 소망이나 허황된 바람 정도를 꿈으로 생각하는 사람들이 의외로 많다. 하지만 꿈은 그런 것이 아니다. 미래를 창조해내겠다는 의지를 담아서 스토리형 꿈을 만들어보자. 그리고 그 꿈을 향해 최선을 다해 살아보자. 그러한 의지를 주위 사람들에게 말하자. 그 자체가 말할 수 없이 큰 의미와 가능성을 내포하고 있다.

나는 내 스토리형 꿈을 집과 연구실에 붙여놓고 있다. 스토리형 꿈을 아내와 아이들을 비롯한 가족들과 학생들이 볼 수 있게 전시해놓은 것이다. 스토리형 꿈을 전시하는 나의 의도는 무엇일까? 그것은 바로 나의 의지를 천명하기 위함이다. 맹목적으로 흘러가는 대로의 삶이 아니라 도전하는 인생을 살겠다는 의지를 표현하기 위해서이다. 가장으로서 남편으로서 아버지로서 솔선수범하겠다는 뜻으로 우리 가족 모두가 의지를 품고, 열심히 살아보자는 암묵적인 의사표현인 것이다.

우리는 초보적인 '단어형 꿈'이나, 막연한 '문장형 꿈'이 아닌 구체적이고 체계적인 '스토리형 꿈'을 만들어야 한다. 그러한 의미에서 '꿈꾼다'는 말을 달리 표현하면 '스토리형 꿈의 빈칸을 채운다'라고도 말할 수 있다.

스토리형 꿈을 만드는 것도 중요하지만 실행하는 것 역시 정말 중요하다. 스토리형 꿈의 실행을 위해서는 마지막 부분의 '실천 계획'의 빈칸을 잘 채우는 것이 무엇보다 중요하다. 따라서 '실천 계획'은 면밀히 수립되어야 하며, 또한 의지를 가지고 실천해야 한다.

내가 작성했던 '실천 계획'의 일부를 소개하면 다음과 같다. 편의상 나는 다섯 가지 영역으로 구분해보았다. 이 영역들은 필요에 따라 세분화되거나 축약될 수 있다. 오른편에는 각 항목의 달성방법 및 시기도 간략히 표시해보았다.

| 5년 후 중간목표를 이루기 위한 실천 계획 예시(이익선) |

분류	해야 할 일	달성 방법 및 시기
경력관리	• 『말하는 대로 꿈꾸는 대로』 집필 완료	• 2011년 12월 이내
	• 꿈과 희망에 관한 책들을 집필하기	• 매년 한 권씩 집필
	• 영어공부 하기	• 매일 아침 한 시간씩
	• 해외논문 두 편, 국내논문 세 편 발표	• 대학원생들과 함께 연구하여 매년 발표
건강관리	• 몸무게 5킬로그램 감량하도록 운동	• 매일 한 시간씩 걷기, 3개월 이내
	• 매일 30분씩 스트레칭	• 취침 전, 매일
	• 아내와 함께 운동하기(탁구, 등산 등)	• 매주 토요일
인맥관리	• 동료 교수님들과 친분 유지	• 약속 정해서 주기적으로 식사
	• 교회 동료들과 친분 유지를 위해 주기적으로 식사	• 매달 부부 동반 모임
취미생활	• 매주 두 권씩 책 읽기	• 매일 출퇴근길 지하철 활용
	• 매일 새벽기도	• 매일 5시 기상
	• 부부가 함께 골프 배우기	• 레슨 받기
가정생활	• 가족여행	• 가을여행 계획 짜기
	• 아이들과 나들이	• 한 달에 최소 두 번씩 주말 나들이 계획
	• 아이들에게 책 읽어주기	• 잠들기 전에 적어도 15분씩

여러분도 다음의 '실천 계획'의 빈칸을 채워보길 바란다.

| 5년 후 중간목표를 이루기 위한 나의 실천 계획 |

분류	해야 할 일	달성 방법 및 시기
경력관리		
건강관리		
인맥관리		
취미생활		
가정생활		

꿈을 향해
사는 것 자체가
이미 성공이다

누군가는 우려할지도 모른다. 괜히 스토리형 꿈을 만들고 다른 사람들에게 말했다가 나중에 이루지 못하면 오히려 부끄럽지 않겠느냐고.

하지만 꿈의 가치는 그런 것이 아니다. 혹여나 꿈을 이루지 못하더라도 꿈을 향해 하루하루를 의미 있게 살아갔다면 그것으로서 꿈은 충분히 제 역할을 해낸 것이다. 그런 의미에서 '꿈이 없다'는 말은 흘러가는 대로 인생을 적당히 살겠다는 의사표현에 지나지 않음을 잊어서는 안 될 것이다.

지금으로서는 30년 후에 꿈이 이루어질지 알 수 없다. 그렇다 하더라도 30년 후의 결과보다 30년 동안 살아가는 과정에 의미를 두자. 진정한 성공은 스토리형 꿈을 향해 오늘이라는 하루를 의미 있게 살아가는 그 자체이다.

그런 의미에서 하루의 삶은 성공과 실패로 판가름날 수 있다. 꿈을 향해 오늘을 의미 있게 살았다면 성공이고, 그렇지 않았다면 실패이다. 하루하루의 '성공'들이 쌓인다면 스토리형 꿈은 이루어질 확률이 높아진다.

무엇보다 꿈을 향하는 과정에서 좋은 점은 그 과정에서 충분히 행복감을 느낄 수 있다는 것이다. 삶의 목적으로서의 스토리형 꿈은 삶의 질을 높여주는 강력한 마법과도 같다.

다시 한번 강조하지만 인생에서 목적을 달성해내느냐의 여부는 절대적인 기준이 아니다. 목적의 달성 여부는 세상을 떠날 즈음에 확실히 알 수 있는 결과다. 최선을 다했어도 이루지 못할 수도 있다. 그럴지라도 최선을 다해 살았다면 그것으로도 성공적인 인생이다.

마음의 명령에
귀를 기울이라

꿈꾸는
기술 3

20대, 초장수사회를 어떻게 살아갈 것인가

심리학자 에이브러햄 매슬로는 사람의 욕구를 5단계로 나누었다. 1단계는 최하위인 생리적 욕구, 2단계는 안전의 욕구, 3단계는 소속의 욕구, 4단계는 자기존중의 욕구, 5단계는 자신의 이상을 추구하는 최고 수준의 욕구이다. 매슬로는 저차원적인 욕구가 충족되면 다음 단계의 고차원적인 욕구가 발현되는데 그 고차원적 욕구가 결핍되면 불행을 느낀다고 주장한다.

현재 대한민국은 유사 이래 물질적으로 가장 풍요로운 시기다. 오해하지 않기를 바란다. 끼니를 걱정하는 사람이 전혀 없다는 뜻이 아니다. 빈부격차가 날로 심화되고 있지만 사회의 평균적인 안전망이 과거에 비해 나아지고 있다는 의미다.

어느 정도 의식주 문제를 극복했기에 의미를 추구하는 사람들이 급격히 늘어났다. 가치 있는 존재로서 인정받고 싶어 하는 것이다. 그런데 만약 의미를 발견하지 못한 채 산다면 배부르게 먹고살아도 욕구불만에 빠질 수밖에 없다.

독일의 염세주의 철학자 쇼펜하우어는 "삶은 꿈과 멀어질수록 지루하고 똑같은 일상의 반복으로 전략하고 만다"고 말했다. 오늘날 젊은이들에게 필요한 것은 '꿈을 향한 의미 있는 삶'이다.

그런데 지금의 젊은 세대와 부모 세대는 살아온 환경만큼이나 생각하는 바가 극명하게 다르다. 이 때문에 부모가 자녀의 꿈을 이해하지 못하는 경우가 많다. 그러므로 부모의 입장에서 자식에게 무언가를 강요하는 것은 무척 위험한 발상이다. 신세대적인 생각을 지닌 자녀의 입장에서는 부모의 훈계가 얼토당토않게 느껴질 수 있기 때문이다.

반면 자식의 입장에서도 부모의 기대에 부응하기 어렵기는 마찬가지다. 자신이 가진 신세대적인 욕구를 무시해야 부모의 기대에 부응할 수 있기 때문이다. 서로를 이해하기 버거울 수밖에 없음을 인정하고 서로의 생각을 존중해주는 것이 필요하다.

오늘날 의미 있는 삶을 추구하며 사는 것이 얼마나 중요한지 뒷받침해주는 큰 사회적 변화가 있다. 바로 대한민국이 이미 초장수사회로 진입한 것이다.

2008년 통계청은 대한민국 국민의 평균수명이 남자 76.1세, 여자 82.7세이며 또한 수명이 10년마다 약 5년씩 증가해왔음을 발표했다. 이러한 추세를 따른다면 우리나라 국민의 평균수명은 40년 뒤 약 100세가 될 것이고 80년 뒤에는 약 120세까지 증가

할 것이다. 현재 40대 이하의 국민은 평균적으로 100세 이상 살 것으로 예상된다.

대한민국 청년들의 취업 평균연령은 대략 20대 중후반이다. 그런데 직장인의 대부분이 60세 이전에 퇴직하고 있다. 평균수명이 100세를 넘어선다면 20대 중후반에 취직해서 길게 잡아 60세까지 일한다고 하더라도 자그마치 40년 이상 더 살아야 한다.

어떤 이들은 근로자들의 정년을 일괄적으로 늦춰야 한다고 주장하기도 한다. 그러나 이 방안은 그다지 현실적이지 않다. 정년을 늦출수록 젊은이들의 취직자리는 더 줄어들기 때문이다. 지금도 상당히 많은 젊은이들이 비정규직으로 내몰리고 있다.

이러한 상황은 틀림없이 중대한 사회문제이다. 하지만 정부가 해결책을 제시하기는 쉽지 않아 보인다. 정부는 최소한의 생계비를 지원하거나 한시적인 일자리를 제공하는 정도에 머무를 수밖에 없을 것이다.

초장수사회로 진입해가는 이 시점에서 그 무엇보다 자신이 진정으로 원하는 꿈을 추구하는 것이 가장 중요하다. 수명이 길어진 만큼 일하는 세월도 길어질 수밖에 없는데, 내가 원하는 꿈이 아니라면 평생토록 그 일을 감당하기는 버거울 수밖에 없다. 모두가 부러워하는 일이라도 본인이 만족하지 못하고 의미를 찾을 수 없는 일이라면 아무 소용없다. 그러므로 남에게 보이는 간판, 겉치레가 아닌 본인이 진정으로 원하는 꿈을 찾아야 한다.

여러분은 60대 이후에 어떤 일을 하고 싶은가? 그 나이에 남에게 잘 보이거나 부모님의 자랑이 되는 것이 그다지 중요할 것 같지는 않아 보인다. 평생토록 하고 싶고 이루고 싶은 일, 그 일이 내가 진정 원하는 꿈이 아닐까? 그렇게 꿈을 정하고 지금부터 노력해보자.

DREAMING SKILL

60대 이후에 어떤 일에 도전하고 싶은가?

마음이
가리키는
곳으로
가라

현아를 처음 본 것은 2010년 봄 학기 강의에서였다. 그때 현아는 성실했지만 늘 굳은 표정으로 어두워 보이는 학생이었다. 당시 인문계열에서 경영학과로 전과하던 시점이었는데 처음 시작하는 학기니만큼 부담이 컸던 모양이었다. 언젠가 나에게 찾아와 전과에 따른 어려움을 토로하며 상담을 하기도 했다.

그런데 얼마 전 현아는 한 통의 이메일과 함께 자신의 영어발표 동영상을 나에게 보내왔다.

"작년에 교수님 수업을 들었던 박현아입니다.
경영학과를 나오면 취직이 잘된다는 말에 솔깃해 작년에 전과했는데요,
처음에는 마음이 불안하고 복잡해서 힘들었습니다.
하지만 교수님 수업 덕분에 마음을 잡을 수 있었습니다. 1학년 수업이라 그런지 꿈에 대한 이야기도 많이 해주시고, 폭넓게 진행해주셨잖아요. 딱 한 번이었지만 교수님 연

구실에 찾아가 상담했던 것도 많은 도움이 되었습니다.

이제 저에게도 하고 싶은 일이 생겼습니다. 졸업하기 전에 미국으로 교환학생을 가고 기회가 된다면 국제학을 공부하고 싶습니다. 최종적으로는 공항공사나 국제기구에 입사해서 국제사회의 발전에 기여하고 싶습니다.

그 꿈을 이루려면 영어 실력을 키워야 하기에 영어공부에 매진하고 있습니다. 지난 목요일에는 학원에서 '영어 말하기 대회'가 있었습니다. 물론 저도 참여했고요. 아쉽게도 상을 타지는 못했지만 5등을 했습니다. ^_^

메일로라도 교수님께 제 모습도 보여드리고 상담도 받고 싶어 메일 드립니다.

참고로 대회 때 했던 내용을 찍은 동영상을 첨부합니다."

현아는 꿈꾸는 기술을 통해 '국제학 전문가가 되어 국제사회의 발전에 기여하고 싶다'라는 꿈을 찾아냈다. 자신의 인생에서 원하는 꿈을 갖게 되자 현아는 영어의 중요성을 진심으로 깨닫게 되었다.

현아가 영어를 잘하지 못한다면 꿈을 이루기 쉽지 않을 것이다. 장래에 국제학을 공부할 수도, 유엔과 같은 국제기구에 들어갈 수도 없을 것이다. 꿈이 생기자 현아는 영어에 대한 간절함을 갖게 되었고 그러한 간절함 때문에 휴학하고 영어와 한판승부를 벌이고 있다. 또한 꿈이 있기에 다른 사람에게 없는 적극성을 지니고 있다. 영어 말하기 대회에 참가도 하고 조언자에게 자신의 모습이 담긴 동영상을 보내기도 한다.

부경대학에 재학 중인 진식이는 한국인으로는 최초로 '클리오 광고제'에서 은상과 동상을 동시에 석권했다. 미국에서 개최하는 클리오광고제는 뉴욕페스티벌, 칸국제광고제와 함께 세계 3대

광고제로 꼽히는 광고계의 축제이다.

진식이는 이미 화려한 수상경력을 지니고 있다. 부산국제광고
제에서 2009년과 2010년에 걸쳐 열 개에 가까운 작품들을 입선
시켰으며 2010년에는 미국 크레이티비티 국제광고제 3위를 하
고 2011년에는 스위스 몽트레 국제광고제에 입선하기도 했다.

고등학교 시절부터 진식이는 뛰어난 창의력으로 전국과학전
람회 과학기술부장관상, KT 대한민국과학기술경진대회 대상을
탔고 세계창의력경연대회 한국대표로 출전하여 장려상을 받기
도 했다. 대학에 와서는 각종 마케팅 및 광고 공모전에 도전해서
현재까지 무려 예순 번 이상을 수상해오고 있다. 그러한 결과로
2010년에는 교육과학기술부와 한국과학창의재단이 주관하는
2010 대한민국 인재상 대통령상을 받았다.

진식이의 꿈은 '세계적인 광고기획자가 되어 소비자에게 유익
한 광고를 만드는 것'이다. "광고를 통해 사람들이 가치 있는 소
비를 하게끔 돕고 싶어요. 돈의 힘이나 유혹이 아닌, 사람들을 도
울 수 있는 광고를 만들고 싶어요." 그래서 졸업한 뒤 광고기획
사에 취직하기를 원하고 있다.

이러한 진식이의 마음을 괴롭히는 것이 있는데 서글프게도 그
것은 토익점수다. 수상경력에서 알 수 있듯이 진식이는 자신의 모
든 에너지를 광고기획 공모전에 쏟고 있다. 그에게는 기업에서 요
구하는 토익점수를 확보하기 위한 시간이 절대적으로 부족하다.

나는 노파심에 진식이에게 조언을 한답시고 이런 이야기를 한

적이 있다.

"진식아, 광고 분야 쪽은 스펙으로 따지면 이미 대단하잖아. 이제 광고 분야에 쏟는 노력을 70 정도로 줄이고, 나머지 30을 토익공부에 투자하는 건 어떠니?"

내가 던진 우문(愚問)에 진식이는 다음과 같은 현답(賢答)을 들려주었다.

"이성적으로는 교수님 말씀이 옳아요. 저도 영어나 학점에 대한 노력이 부족하다는 점은 인정해요. 하지만 대학생활 4년은 너무 짧은걸요. 이 4년만이라도 제가 정말 하고 싶은 일을 원 없이 해보고 싶어요. 이 시기가 지나면 할 수 없는 일들이 너무 많잖아요."

명상가 다릴 앙카는 가슴 뛰는 삶을 살아야 한다고 주장한다. 가슴 뛰는 삶이야말로 우리에게 주어진 사명이라는 것이다. 앙카의 주장에 나는 전적으로 동의한다. 우리는 가슴 뛰는 일을 하면서 살아야 한다. 돈 때문에, 가족 때문에, 안정적이기 때문에, 상황때문에가 아니라 내가 진정 원하기 때문에 그 일을 택해야 한다.

현아와 진식이가 꿈을 이룰 수 있을지 지금은 장담할 수 없다. 혹 지금의 노력들이 무용지물이 된다 할지라도 나는 이들을 칭찬하고 싶다. 남을 따라서가 아니라 자신이 원하는 꿈을 향해 하루하루를 살아가고 있기 때문이다. 원하는 꿈을 향해 의미 있는 삶을 사는 것은 무엇과도 비교할 수 없는 가치이다.

가슴 뛰는 일을 추구하는 것은 무책임이나 방종을 의미하는 것이 아니다. 일하지 않고 그저 논다는 뜻도 아니다. 가슴이 뛰게 되면 인위적이 아니라 자발적으로 우러나오는 노력을 다할 수 있다. 억지로 하는 노력과는 차원이 다르다.

영화제작자 스티븐 스필버그 감독은 "나는 항상 설레면서 잠에서 깨기 때문에 아침 식사를 할 수 없을 정도다"라고 말한 바 있다. 그는 해가 져서 영화제작을 멈춰야 하는 것을 아쉬워할 정도로 즐겁게 일했다. 영화를 통해 사람들에게 꿈과 희망을 주겠다는 분명한 목적이 있었기에 자신의 일을 통해서 행복을 느끼며 가슴 뛰는 삶을 살 수 있었던 것이다.

일상적인 활동에서 가슴을 뛰게 하는 감동을 찾는 것이 중요하다. 사소한 일에도 열정을 가지고 임해야 한다. 만약 현재 하고 있는 일에서 가슴이 뛸 만한 이유를 도무지 찾을 수 없다면 과감히 다른 삶을 개척하는 것도 괜찮은 선택이다. 스스로에게 물어보라. "나는 무엇을 하면 가슴이 뛰는가? 무엇을 하면 행복한가?"

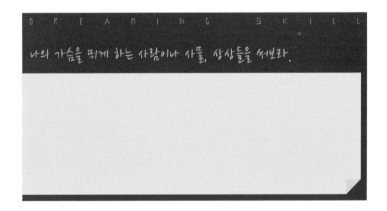

DREAMING SKILL

나의 가슴을 뛰게 하는 사람이나 사물, 상상들을 써보라.

내 삶은
그 누구도
대신
살아주지 않는다

경영학과 4학년인 민혁이는 2010년 1학기부터 대학교 내에서 '꿈틀'이라는 이름의 강연콘서트를 기획해서 매주 진행해오고 있다. 젊은이에게 실질적으로 도움이 되는 강연회를 젊은이 스스로 운영해보자는 취지에서 시작한 것이다.

그런데 민혁이는 이 콘서트에 절대 유명인사를 초대하지 않는다. 이미 성공한 사람들은 젊은이들과 세대 차이가 나서 공감대 형성이 쉽지 않다는 생각 때문이다. 오히려 20~30년 전의 경험보다 남다른 도전을 갓 시작한 선배들의 이야기가 젊은 친구들에게 더 큰 도전이 될 것이라 기대하고 있다.

그런 의미에서 강연자 섭외 조건은 상당히 까다롭다. 지방대학을 졸업한 지 5년 이내로 남다른 인생을 개척해가고 있는 사람이어야 한다. 한마디로 이 콘서트는 인생 선배들의 남다른 생각과 노하우를 전수하는 것이 주목적이다.

이 일은 누가 시켜서 하는 일이 아니다. 순수하게 자발적인 노력으로 친구들을 모아 강연 요청을 하러 다니고 홍보물을 학교 곳곳에 붙였다. 섭외 조건이 까다로운 만큼 강연자를 물색하는 데 어려움을 겪었다. 강연자를 찾아도 강연을 부탁하는 일 역시 쉽지 않았다. 무료로 진행되는 강연회이며 재정적인 지원도 전무해서 사례금을 지급할 수 없기 때문이다. 강연콘서트 '꿈틀'은 그렇게 한 주 한 주 아슬아슬하게 명맥을 유지해나갔다.

민혁이와 친구들의 눈물겨운 노력 덕분인지 1년 정도의 시간이 흐르자 '꿈틀'은 어느 정도 궤도에 오르기 시작했다. 사람들 사이에서 입소문을 타기 시작한 것이다.

강연에 참석한 한 학생의 말이다. "누군가의 성공 이야기를 들으면 위축되기 마련인데 이 콘서트에 오는 분들의 이야기는 달라요. 성심성의껏 이야기해주면서 용기를 북돋아 주세요. 강연자와 청중의 거리감이 거의 없다는 것이 이 강연의 가장 큰 묘미인 것 같아요."

이제는 이 강연회에 참석하는 사람들의 수와 운영진의 수도 제법 늘어났고, 자신의 경험과 노하우를 공유하겠다며 강연자들이 자발적으로 연락해오기도 한다. 지역신문에도 소개되었으며 학교에서도 일회성이긴 했지만 얼마간의 운영경비를 보조해주기도 했다.

민혁이는 4학년이 된 지금도 이 콘서트를 열정적으로 운영하고 있다. 민혁이가 이러한 활동을 하는 이유는 자신의 꿈 때문이다. 민혁이의 꿈은 '사람들의 아이디어를 실현할 수 있도록 도와주는 사업을 하는 것'이다. 그래서 대학을 졸업한 이후에는 창업을 컨설팅하는 회사에 들어가 10년 정도 경험을 쌓은 다음 창업과 성공을 돕는 컨설팅 회사를 직접 차리려는 꿈을 꾸고 있다.

민혁이의 친구들 대부분은 취업 준비에 여념이 없다. 높은 연봉에 안정적인 회사에 취업하기 위해 자격증을 취득하고 봉사활동 시간을 늘리며 학점과 토익점수를 조금이나마 더 높이려고 아등바등하고 있다.

민혁이도 취업을 준비하고 있다. 그러나 자신의 장기적인 꿈에 도움이 되는 것들을 위주로 노력하고 있다. 가끔 친구들을 보면 마음 한편이 서늘해진다. '내가 잘하고 있는 걸까? 지금이라도 대기업 입사를 준비해야 하는 것이 아닐까?'라는 생각 때문이다.

실은 친구들보다 민혁이의 마음을 더 힘들게 만드는 순간이 있는데 그것은 시골에서 고생하시는 부모님이 떠오를 때이다. 민혁이의 부모님은 경상남도 창녕에서 농사를 지으신다. 마음 같아서는 시골에 계신 부모님이 온 동네에 자랑할 수 있도록 누가 봐도 번듯한 회사, 이름만 들어도 알 만한 회사에 들어가고 싶기도 하다. '지금껏 고생하신 부모님께 효도하는 것이 더 나은 길이 아닐까?' 민혁이를 가장 괴롭히는 것은 부모님에 대한 연민이다.

우리의 마음속 깊은 곳에는 사람들로부터 인정받고 싶은 욕구가 있다. 그중에서도 특별히 부모님께 인정받고 칭찬받고 싶은 마음이 크다.

그렇지만 민혁이는 과감하게 결단했다. 겉만 번지르르한 간판으로 부모님의 자랑이 되겠다는 욕심을 버리기로. 부모님께는 죄송하지만 조금은 더 이기적이 되어서 자신이 원하는 인생을 개척하기로. 그러한 결심으로 자신의 욕구에 집중해서 꿈을 만들었으며 그 꿈을 향해 오늘도 열심히 살고 있다.

얼마 전에는 친구들과 함께 카페 컨설팅을 시작했다. 학교 근처의 파리 날리는 카페를 찾아가서 사장님에게 카페를 홍보하고 컨설팅해주겠다고 제안한 것이다. 대신 자신의 컨설팅이 효과가 있다면 순이익 증가분의 10퍼센트만 달라고 이야기했다. 손해볼 것 없는 제안이기에 사장님은 흔쾌히 수락했다.

민혁이와 친구들은 카페의 홍보 포스터를 학교 곳곳에 붙이고 다녔다. 또 경영학에서 배운 아이디어들을 활용해 단순히 차를 마시는 곳이 아니라 스터디룸이나 독서토론, 이벤트, 파티 등을 위한 장소를 대여하는 곳으로 카페의 성격을 변화시켰다.

그러한 노력의 결과인지 카페의 매출은 배로 증가했다. 학교에서 배운 경영이론들을 몇몇 카페들에 접목시켜 용돈을 버는 민혁이를 보며 민혁이의 부모님은 내심 걱정을 했다. 하지만 지금은 민혁이의 든든한 응원단이다. "그래, 할 수 있을 때 네가 하고 싶은 일 마음껏 해보거라."

한편 규원이는 민혁이와 정반대의 경우이다. 규원이의 꿈은 '평생 고생한 어머니를 호강시켜드리는 것'이다. 나는 규원이에게 꿈에 대해 다시 생각해보라고 몇 번이나 권면했었다. 하지만 규원이는 몇 주가 지나도록 그러한 뜻을 꺾지 않고 스토리형 꿈을 구체적으로 만들어나갔다. 금융회사에 취직해서 결혼도 하고 돈도 벌어서 퇴직한 후에 3층 건물을 지을 것이라는 내용이었다. 1층에서 가게를 운영하고 2층에서는 어머니를 모시며 3층에서 아내와 함께 살고 싶다는 것이다.

어머니가 아기를 무척 좋아하시므로 하루빨리 결혼해서 손주를 안겨 드리고 싶다는 꿈도 추가했다. 규원이는 고생하시는 어머니에 대한 마음이 지극하다. 그러한 꿈을 향해서 살아가는 것도 또 하나의 인생이다.

어떤 면에서 자식들은 인지도 높은 대학, 직업, 회사 즉 소위 좋은 '간판'을 가져야만 부모님이 좋아할 것으로 오해하는 듯하다. 대개 간판이 좋으면 시집장가도 골라서 갈 것 같고 걱정 없이 편안히 살 것 같다는 생각 때문이다. 이는 사회의 전반적인 분위기와도 어느 정도 관련이 있다.

그러나 부모님이 궁극적으로 원하는 것은 내가 진정으로 원하는 삶을 행복하게 살아가는 것일 게다. 허울뿐인 간판이 아니라 나 자신의 행복한 삶이 부모님이 가장 원하는 바일 것이다.

그런 의미에서 자신의 꿈에 관해 부모님과 허심탄회하게 대화를 나누어보길 바란다. 부모님과 대화하라고 해서 자신의 욕구를 덮고 부모님의 뜻에 따르라는 말이 아니다. 대화하는 과정에서 자신이 원하는 바가 무엇인지 한결 또렷이 깨닫는 수확을 거둘

수도 있다. 나의 꿈에 대해 부모님과 대화할 수 있다는 것은 말할
수 없이 큰 축복이다. 선입견이나 고정관념을 털어내고 대화를
나눠보라.

다음의 빈칸을 부모님과 함께 채워보자. 부모님도 자신도 열린
마음, 수용하는 자세로 작성해보길 바란다. 빈칸에 내용을 채우
기 어렵다면, 칸을 비워두고 '나의 삶, 미래'라는 주제로 부모님
과 편하게 대화를 나눠보자.

DREAMING SKILL

부모님이 바라는 나의 삶에 대해 써보라.

내가 원하는 나의 삶에 대해 써보라.

우리의 뇌는 태어나면서 죽을 때까지 변화한다. 갓난아이의 뇌는 약 400~500그램이지만 만 3세가 되면 1킬로그램이 되고, 10세까지 꾸준히 성장해서 1.3~1.5킬로그램이 된다. 이후에도 뇌는 필요에 따라 신경회로를 복잡하게 만들거나 폐쇄시키는 등의 변화를 지속한다.

뇌는 쓰면 쓸수록 좋아지지만 반대로 사용하지 않으면 퇴화한다. 영어를 재미있어 하는 사람은 어학 공부에 적합하도록 논리적인 좌뇌가 발달하고 그림 그리기를 좋아하는 사람은 감각적인 우뇌가 쑥쑥 발달한다.

뇌는 좋아하는 일을 할 때 거의 피로를 느끼지 않는다. 오히려 더 빨리 성장하고 능률이 오른다. 머리가 좋아지길 원한다면 좋아하는 일을 많이 해서 두뇌 자극을 늘리는 것이 무엇보다 중요하다.

많은 대학생이 대기업에 취직하길 희망한다. 그런데 대기업에 취직하고 싶은 이유를 물어보면 연봉이 많거나 복리후생이 좋거나 안정적이거나 주변의 부러움을 받을 수 있다는 등의 뭔가 허전한 답변들이 돌아온다.

어떤 회사에 취직하길 원한다면 그 이유는 그곳에서 하는 일 또는 그곳의 제품, 서비스 등이 진정으로 좋고 그 일이 자신의 꿈에 부합하기 때문이어야 한다. 자신이 좋아하는 일을 할 때 억지로가 아니라 가슴속 깊은 곳에서 우러나오는 즐거운 노력을 다할 수 있을 것이다.

미국의 스롤리 블로트닉 연구소는 1960년에 아이비리그대학 졸업생 1천500명을 대상으로 직장을 선택하는 기준이 무엇인지를 조사했다. 그중의 83퍼센트가 '월급이 많은 직장'이라 답했고 나머지 17퍼센트가 '자신이 원하는 일'을 선택했다고 답했다.

그로부터 20년 후, 1천500명 중에서 101명의 백만장자가 나왔는데 놀랍게도 단 한 명을 제외한 100명이 '자신이 원하는 일'을 선택한 사람들이었다. 그들은 원하는 일을 즐겁게 했고 어려운 일이 와도 열정으로 극복해낸 것이다.

반면 연봉이 많다는 이유로 직업을 선택했던 83퍼센트의 사람들은 진정으로 원하지도 않던 일을 평생토록 해야 했으며 보통의 소득수준에 머무를 수밖에 없었다. 이는 사랑한다는 확신도 없는 상대와 결혼해서 평생을 그냥저냥 함께 사는 것처럼 서글

픈 일이다.

눈앞의 연봉이 아니라 자신이 진정 원하는 일을 추구하라. 그래야 가슴에서 우러나오는 노력을 다할 수 있다. 최고의 한식요리사가 되는 것이 일생의 꿈이라면 연봉이 많은 대기업에 취업하는 것은 시간적으로 낭비가 아닐 수 없다. 오히려 유명 요리사를 찾아가서 설거지와 청소를 도맡아 하며 어깨너머로라도 기술을 배우게 해달라고 간청하는 편이 나을지도 모른다. 당장 몇 년의 고생은 헛수고가 아니다. 좋아하는 일을 하면서 생계를 꾸려나갈 방법을 궁리해보자.

혹자는 묻는다. 좋아하는 일을 하면서도 먹고살 수 있느냐고, 그런 일이 가능한 것이냐고. 이는 돈 버는 일은 고통스러울 수밖에 없다고 믿고 있기 때문에 나오는 질문이다.

그러나 요리를 진정으로 좋아하는 요리사, 사진을 사랑하는 사진사, 그림이나 음악을 사랑하는 예술인은 많다. 공부를 진정 즐기는 학자나 연구자도 많다. 여행을 좋아하는 여행가, 물건 파는 일이 즐거운 장사꾼 등 자신의 직업 활동 자체를 즐기는 사람들은 우리 주변에 생각보다 많다.

나는 책 읽기를 좋아하고 익히고 깨달은 것들을 사람들과 공유하며 함께 성장하는 것을 즐긴다. 대학에서 강의하고 연구 프로젝트를 진행하거나 논문이나 책을 저술하는 등의 창작활동이 쉬운 일은 아니다. 그래도 나는 내 일을 좋아하기 때문에 어려운 과제를 만나더라도 즐겁고 감사하다. 그래서 더 노력할 수 있는 것이다.

자신이 진정으로 원하는 꿈을 만들 수 있는 기본적이면서도 직접적인 방법을 소개해보겠다. 그것은 다름 아닌 자신의 전공, 직업, 취미, 좋아하는 것, 재능 등에서 힌트를 찾아보는 것이다. 원하는 꿈을 만들려면 무엇보다 자신이 정말 좋아하는 것에서부터 시작해야 한다. 그런 의미에서 전공, 직업, 취미, 좋아하는 것, 재능 등은 기본적으로 내가 좋아하고 있을 가능성이 크다.

직장인이라면 현재의 직업은 나의 선호가 반영된 결과이다. "선택의 여지가 없었다"라고 말할 수도 있지만 '이 정도면 할 만하다'라고 생각했기에 선택했을 것이다. 전공도 나의 선호가 반영된 결과이다. 취미나 좋아하는 것들 역시 마찬가지다. 이것들은 모두 꿈을 만들기에 소중한 힌트이다.

또한 어떤 재능을 가지고 있다면 우리는 그 재능을 좋아할 가능성이 크다. 예를 들어 노래에 재능이 있다면 노래를 좋아하고 그림에 소질이 있다면 그림을 좋아하며 운동을 잘한다면 운동을 좋아할 가능성이 크다. 그래서 자신이 가진 재능을 안다는 것 역시 꿈을 만드는 매우 소중한 힌트가 될 수 있다.

다음 표의 빈칸에 자신의 전공, 직업, 취미, 좋아하는 것, 재능들을 채워보자. 표의 내용은 꿈을 위한 힌트로 활용될 수 있다. 도저히 채워지지 않는 칸들은 빈 채로 놔두어도 무방하다. 또한 이러한 정보들을 활용하여 돈을 벌 수 있는 아이디어는 어떤 것이 있을지 창의적으로 고민해보길 바란다.

| 꿈을 만들기 위한 힌트들 |

나의 전공은 무엇인가?	
나의 직업은 무엇인가?	
나의 취미는 무엇인가?	
내가 좋아하 는 것들은 무엇인가?	
나의 재능은 무엇인가?	
이러한 정보들을 활용하여 돈을 벌 수 있는 아이디어를 창의적으로 생각한 뒤 써보라.	

현재의
능력이
부족해도
괜찮다

전공, 직업, 취미, 좋아하는 것, 재능으로부터 내가 원하는 꿈을 만들 수 있는 힌트를 얻을 수 있겠지만 그러한 것들에 절대적으로 얽매일 필요는 없다.

예를 들어 나는 지금 책을 쓰고 있지만 글쓰기에 어떠한 재능이나 취미도 없다. 그러한 것들을 배제하고 꿈을 만들고 노력하고 있을 뿐이다. 재능이 없기에 글쓰기에 더 많은 시간과 노력을 들여야 한다. 그러한 과정에서 작문 실력은 점진적으로 향상되고 있다. 아마 언젠가 글쓰기가 나에게 특별한 재능이 될 것이라 믿는다.

전공, 직업, 재능 등에 크게 얽매일 필요가 없는 또 다른 이유는 모든 능력을 내가 모두 다 가지고 있을 필요가 없기 때문이다. 우리는 다른 사람의 전문성을 얼마든지 활용할 수 있다. 서로서로 도울 수 있다. 따라서 능력이 부족하다고 해서 꿈꾸지 못할 이유는 없다.

1975년 한 차고에서 고(故) 스티브 잡스는 자기보다 다섯 살많은 고등학교 선배 스티브 워즈니악과 함께 세계적인 컴퓨터 기업 애플을 공동으로 창업했다. 스티브 잡스가 더 큰 명성을 얻었지만 애플의 현재는 워즈니악이 없었다면 처음부터 불가능한 것이었다.

대학을 중퇴한 잡스는 컴퓨터 게임 회사에 취직하기도 했으나 컴퓨터에 관한 그의 식견은 그다지 깊지 않았다. 오히려 잡스는 탁월한 직관을 지닌 몽상가였으며 능숙한 수완가에 가까웠다.

그에 반해 워즈니악은 당대 최고의 컴퓨터 엔지니어였다. 항공 기술자였던 아버지를 닮아 어려서부터 과학을 좋아했으며 특히 전자공학에 깊은 조예가 있었다. 지능지수 200인 천재로서 세계적인 히트상품 '매킨토시'를 개발한 장본인이며 애플의 실질적인 두뇌로 평가받고 있다.

이 둘은 성격에서도 극과 극이었다. 잡스는 외향적이고 워즈니악은 내향적이었다. 잡스는 타고난 무대 체질로 주목받는 것을 즐기는 사업가, 워즈니악은 나서는 걸 좋아하지 않는 발명가였다.

워즈니악은 이렇게 말했다. "잡스와 나는 역할 분담이 적절했다. 잡스는 어떤 제품을 만들어야 할지를 분명히 알았고, 나는 수줍음 많은 전자공학 괴짜(Geek)로서 제품개발을 담당했다."

워즈니악이 없었다면 2010년 말 정보기술 업계 시가총액 1위 기업 애플은 없었을 것이다. 하지만 잡스가 워즈니악에게 창업을 제안하지 않았더라면 워즈니악은 휴렛팩커드에서 평범한 회사원으로 살았을지도 모른다. 둘의 관계는 '상호보완적'이라 말해야 옳을 것이다.

역사적인 업적 가운데에는 혼자가 아니라 함께였기에 가능했던 사례들이 제법 많다. 가령 19세기 초반 미국의 서부를 개척한 탐험대의 콤비, 루이스와 클라크라든지 인체 DNA의 구조를 밝혀낸 두 과학자, 왓슨과 크릭 등이 그러하다.

전공과 성격, 나이, 성장 배경 등이 너무나도 달랐던 두 과학자 왓슨과 크릭은 1953년 과학잡지 「네이처」에 불과 1페이지, 1천 단어조차 되지 않는 간단한 논문을 발표했다. 하지만 두 사람의 공동연구는 20세기 최대의 유전학적 진보로 손꼽힐 만큼 파급효과가 대단했으며 1962년에는 공동으로 노벨상을 받기도 했다. 상호보완적인 능력을 지닌 두 사람이었기에 시너지효과가 극대화될 수 있었다.

내가 갖춘 능력이 부족할지라도 얼마든지 꿈꿀 수 있다. 우리는 서로를 도울 수 있는 존재임을 기억하자. 혼자보다는 여러 사람이 모였을 때 더 큰 힘을 발휘할 수 있는 것은 당연한 이치이다. 백지장도 맞들면 나은 법이다.

나의 꿈을 이루는 데 필요한 타인의 도움에는 어떤 것들이 있을지 써보라.

나의 재능을 보완해줄 다양한 사람이 곁에 있다면

어떤 일에 도전해보고 싶은가?

재능이란 기적적인 노력을 다할 수 있는 능력이다

어떤 책들은 꿈을 만들기 위해 자신이 가진 재능을 확인해보라고 주문한다. 나는 이러한 의견에 동조하지 않는다. 자신의 재능을 명확히 아는 사람은 그리 많지 않으며 또한 누구나 여러 방면으로 성장할 가능성을 지니고 있기 때문이다. 시간이 오래 걸릴지라도 매일 노력하다 보면 발전할 수 있다.

재능을 가진 분야에 도전하라는 주장의 이면에는 재능이 없는 분야에 기웃거리지 말라는 뜻이 담겨 있다. 괜히 헛수고하지 말라는 뜻인데 이는 현재 능력이 우리가 가진 전부이며 앞으로 성장해나갈 가능성을 전혀 염두에 두지 않은 발상이다.

어느 분야이든지 실력을 쌓기 위해서는 노력과 시간을 쏟아야 한다. 우리는 자신이 좋아하는 일을 할 때 최선의 노력을 다할 수 있다. 그런 의미에서 '재능'이란 한 분야에 기적적인 노력을 다할 수 있는 능력인지도 모른다.

축구스타 박지성 선수일지라도 처음부터 축구화를 신고 태어난 것은 아니다. 그는 발이 뭉개지는 고통을 감수하고 오로지 축구에 전념했기 때문에 지금의 실력을 갖출 수 있었다. 축구를 좋아하기 때문에 가능한 노력이었다. 이처럼 기적적인 노력을 다할 수 있는 능력, 그것이 바로 진정한 재능이다. 거저 얻은 소질은 재능이 아니다.

선천적인 소질은 볼품없었지만 기적적인 노력으로 뛰어난 음악성을 지니게 된 사람으로 미국의 작곡가이며 가수인 돈 슐리츠를 들 수 있다. 그는 교회 성가대에서도 거부할 정도로 지독한 음치였다.

하지만 그는 가수가 되는 꿈을 포기하지 않았다. 음악에 대한 갈망으로 대학을 중퇴하였고 파트타임 아르바이트를 전전하며 기타를 배우고 작곡과 발성 연습에 모든 노력을 쏟았다. 음악에 기적적인 노력을 다했던 것이다.

1979년 마침내 그는 미국 컨트리음악 최고의 히트곡「더 갬블러The Gambler」를 작곡하고, 그해에 미국의 음악상 중 최고의 권위를 자랑하는 그래미상을 받았다. 그 이후 1988년에는「영원히 영원히, 아멘Forever and Ever, Amen」이라는 곡으로 그래미상을 한 차례 더 받았다. 그가 작곡한 50곡 이상이 음악차트 5위 이내에 올랐을 정도로 그의 노래는 대중의 사랑을 한몸에 받아오며 수많은 음악상을 수상했다.

슐리츠는 다음과 같이 말한다. "극소수의 작곡가들만이 큰돈을 법니다. 그들 대부분 빈곤한 시절을 겪고 그 자리에 올랐지요. 만일 다시 빈털터리가 된다 할지라도 아마 그들은 계속 작곡을 할 것입니다. 음악을 사랑하기 때문입니다. 저 역시 음악 자체를 사랑하기 때문에 작곡합니다. 그것이 음악을 하는 최고의 이유입니다."

볼프강 아마데우스 모차르트는 음악적 재능을 타고난 천재로 알려져 있다. 하지만 그 모차르트 역시 음악에 대한 기적적인 노력을 다한 사람이었다면 믿을 수 있겠는가?

『천재들의 창조적 습관』은 모차르트를 누구보다 열심히 노력하는 사람이라고 밝히고 있다. 스물여덟 살의 모차르트는 너무 오랜 시간 연주하고 작곡하느라 손이 기형이 되어버릴 정도였다. 모차르트가 친구에게 보낸 편지에는 다음과 같은 말이 적혀 있다.

"사람들은 내가 쉽게 작곡한다고 생각하지만 그건 오해라네. 단언컨대 친구여, 나만큼 작곡에 많은 시간과 생각을 바치는 사람은 없을 걸세. 유명한 작곡가의 음악치고 수십 번에 걸쳐 꼼꼼하게 연구하지 않은 작품이 하나도 없으니 말이야."

모차르트의 천재성은 그의 연습과 노력에서 비롯된 산물이라고 보아야 마땅하다.

박지성, 돈 슐리츠, 모차르트가 자신의 분야에서 기적적인 노력을 다할 수 있었던 이유는 무엇일까? 그것은 자신의 일을 진정으로 사랑하기 때문이다. 하지만 사랑한다 할지라도 그렇게까지 노력하기는 쉽지 않은 일이다. 기적적으로 노력할 수 있는 능력, 그 능력이 바로 그들의 재능일 것이다.

요약해보면 능력보다 우선시해야 할 것은 진정으로 좋아하느냐의 여부이다. 진정으로 좋아하는 분야에서 노력하다 보면 내가 몰랐던 재능을 발견하기도 하며 그러한 재능을 꽃피울 수도 있다.

좋아하는 분야에서 스토리형 꿈을 설정하고 기적적인 노력을 다해보자. 단, 이 책의 스토리형 꿈은 30년 후를 내다보는 장기적인 꿈임을 잊어서는 안 된다. 우리가 꾸어야 하는 꿈은 당장 이루어야 하는 꿈이 아니라 적어도 30년 후를 내다보는 스토리형 꿈이다.

'천 리 길도 한 걸음부터'라는 속담처럼 30년 후의 원대한 꿈일지라도 5년 후의 중간목표에서 출발하면 된다. 자신의 위치가 어디든지 5년 후에는 조금 더 성장하도록 목표를 설정하면 된다. 능력, 직업, 자산, 인맥 등에서 조금씩만 더 성장하면 충분하다.

기차도 처음부터 빠르게 달릴 수는 없다. 출발할 때는 서서히 움직인다. 그것으로 충분하다. 나중에 탄력을 받으면 가속할 수 있겠지만 처음엔 서서히 움직여서 힘을 비축해야 한다.

5년 후의 중간목표를 설정할 때 지금의 모습에서 별반 달라지지 않더라도 조급해할 필요는 없다. 5년 동안 기초를 다진다는 생각으로 실력을 쌓고 나중을 위한 준비를 착실히 진행하면 될 것이다.

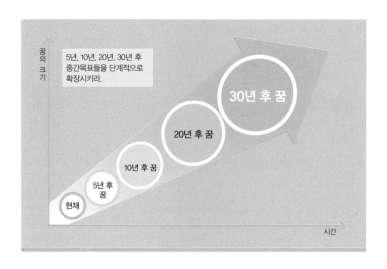

꿈의 크기

5년, 10년, 20년, 30년 후 중간목표들을 단계적으로 확장시키라.

30년 후 꿈

20년 후 꿈

10년 후 꿈

5년 후 꿈

현재

시간

10년 후의 중간목표는 5년 후에서 조금만 더 확장시키면 된다. 이러한 방식으로 20년, 30년 후의 중간목표들을 확장하자. 그렇게 스토리형 꿈을 단계적으로 확장시키다 보면 30년 후의 꿈은 원대해질 수 있다. 꿈을 단계적으로 확장해갈 수 있다는 것은 우리에게 너무나 다행스러운 일이다.

위의 그림에서와 같이 단계적으로 꿈을 확장하면서 20년 혹은 30년 후에 이룰 획기적인 목표도 설정해보자. 야구에서 만루홈런과 같은 꿈을 구상하는 것이다.

예를 들어 베스트셀러 작가 되기, 방송에 출연해 유명해지기, 창업해서 성공하기, 텔레비전이나 라디오 진행자 되기, CEO로 승진하기, 박사 학위 취득하기, 가치 있는 자격증 따기, 세계 일주하기, 자신의 건물 세우기, 자선단체 만들기, 정치인 되기 등의 획기적인 아이디어들이 가능할 것이다. 그러한 목표를 이루기 위해 지금부터 20~30년 동안 꾸준히 준비하고 노력해보자.

다음 그림의 비어 있는 동그라미에 내용을 채워보자. 앞에서 소개했던 '스토리형 꿈'의 형태를 그림으로 변형한 것으로 보아도 무방하다. 이처럼 시각적인 스토리형 꿈을 방에 붙여놓아도 좋을 것이다.

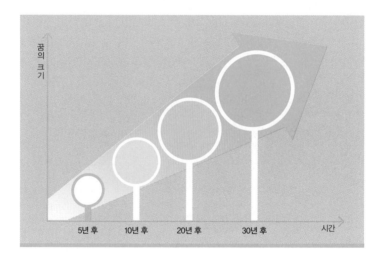

나는 날마다
모든 면에서 좋아지고 있다

꿈꾸는
기술 4

나는 결코
'아무나'가
아니다

어느 날 여학생 C가 내 연구실로 찾아왔다. C는 몇 마디 말을 이어가더니 눈물을 왈칵 쏟았다. 영문을 몰랐던 나는 놀랄 수밖에 없었다.

수줍음 많고 내성적인 성격의 C는 '꿈꾸는 기술'을 배우며 꿈을 찾는 중이었다. 그 과정에서 스스로를 짓눌러왔던 마음의 짐을 발견하고 자문을 구하기 위해 나를 찾아왔던 것이다. 나는 C의 이야기를 들으며 화가 치밀었다. 그녀의 마음을 누르는 짐은 고등학교 시절의 담임선생님에게 받은 상처에서 비롯된 것이었다.

C가 다니던 고등학교에서는 전교 30등 이내의 학생들을 별도의 우수학급으로 편성해서 관리했다고 한다. 초등학교 때 전교회장을 하고 중학교 때도 매년 반장·부반장을 도맡을 정도로 자신감이 넘쳤으며 성적도 좋았던 C가 고등학교 2~3학년 동안 우수

학급에 들어가는 것은 당연했다.

어쩌면 C에게 닥쳐온 불행은 그러한 학급에 들어가 그 담임선생님을 만난 것인지도 모른다. 어느 학교에서나 이런 우수학급의 담임선생님이라면 실력이 뛰어날뿐더러 무엇보다 열정적일 것이다. 아마도 그 지나친 열정이 문제였을 것이다.

C가 2학년이던 어느 날, 학교에서는 자신의 꿈을 적어서 제출하도록 했다. C는 자신의 꿈으로 '국회의원'을 써서 제출했다. 이에 대한 담임선생님의 시각은 판이하게 달랐다. 담임선생님은 야간 자율학습시간에 C를 교무실로 호출했다. 그러고는 장장 한 시간 동안 비난과 조롱을 퍼부었다.

"너 장난하니? 국회의원은 '아무나' 되는 줄 알아? 국회의원이 되려면 떡잎부터 달라야 해. 네가 공부하는 꼴 좀 봐라. 네가 국회의원이 되면 내 손에 장을 지지겠다."

미래에 C가 국회의원이 될 수 없다고 그 누가 장담할 수 있겠는가? 모든 국회의원이 고등학교 시절에 모범적인 태도와 자세를 지녔으며 학업성적이 우수했을까? 공부를 잘해서 나쁠 것은 없겠지만 공부를 잘해야만 국회의원이 되는 것은 아니다.

적어도 교육자라면 그런 식으로 호통쳐서는 안 되는 것이었다. 선생님의 의도는 꿈을 위해 더 열심히 공부하라는 일종의 충격요법이었을지도 모른다. 그 뒤로 C가 독기를 품고 공부에 더 집중하게 되었으니 말이다.

하지만 C에게는 선생님의 그 독언들이 깊은 상처로 남았다.

믿고 따랐던 선생님에게조차 인정받지 못하는 자신에 대한 실망감이 너무 컸다. 떡잎이 별로라서 선생님조차 나를 인정해주질 않는다는 생각에 자꾸만 주눅이 들었다.

결정타는 대학이었다. 우수학급에서 동고동락했던 친구들 대부분이 서울로 진학했지만 C는 부산에 있는 대학으로 진학했다. C는 반쯤 체념해버렸다. '역시 나는 별 볼 일 없는, 아무나일 뿐이구나.'

나는 C의 이야기에 울컥 화가 치밀었다. 그래서 그 선생님을 실컷 욕해주었다. 그리고 C를 위로해주었다.

"그것은 네 잘못이 아니라 꿈의 의미를 이해하지 못한 그 선생님의 잘못이다. 네가 미래에 국회의원 이상의 인물이 되지 말라는 법은 없다. 너는 결코 '아무나'가 아니다. 스스로를 존중하도록 노력해야 한다."

C는 그날 한참을 울었다. 하나를 보면 열을 안다고, 감수성이 예민할 시기에 그런 선생님의 지도를 받아야 했던 2년의 세월은 모르긴 몰라도 지옥이 따로 없었을 것이다.

그 뒤로 2년이 지났다. C는 그 사이에 인생에서 원하는 스토리형 꿈을 만들었다.

얼마 전 C를 다시 만났다. 내 느낌인지 몰라도 취업 부담으로 힘들 시기인 4학년인데도 C의 표정은 한결 부드럽고 밝아 보였다.

"교수님, 수업을 들을 당시에는 꿈의 의미를 잘 몰랐는데 1년 정도 지난 후에 알게 되었어요. 예전에는 아무것도 하지 않으면서 불안해하고 무슨 일이든 부정적으로만 생각했어요. 남과 비교하면서 자격지심도 많았고요. 하지만 지금은 달라요. 우선 자신감이 많이 생겼어요. 내 꿈인데 남의 눈치를 볼 필요가 없다는 걸 알았거든요. 이제 꿈을 향해 열심히 살아보려고요. 제가 원하는 길을 가기 위해 하나씩 노력하니까 잡생각 할 겨를이 없어요. 원하는 길을 못 가더라도 차선책을 얼마든지 찾아 나갈 수 있으니 걱정도 없고요."

꿈을 만들기 어려운 이유는 노력해도 안될 거라는 부정적인 안목 때문이기도 하다. 하지만 더 주요한 원인은 나 자신을 소중히 여기지 않기 때문이다. '꿈이 있는 사람은 나와 다른 특별한 존재들이고 나는 별 볼 일 없는 아무나일 뿐이야'라고 무의식적으로 자신을 천시하기 때문이다.

누구나 인생에서 크고 작은 상처를 안고 살아간다. 그런 상처 때문인지 의외로 많은 이들이 자신을 별 볼 일 없게 여기는 것 같다. 그러나 스스로를 천시하면서 미래를 향한 꿈을 만들기는 쉽지 않다.

거울을 보고 자신에게 말을 걸어보자. "너는 참 소중한 사람이야", "너는 사랑스러워", "나는 네가 자랑스러워", "너는 미래에 큰 인물이 될 거야"라고. 그리고 나를 향해 미소 지어보자. 조금은 우스꽝스럽겠지만 이렇게 며칠이라도 해보면 나를 대하는 생각과 태도가 많이 달라질 것이다.

꿈을 가진 사람들은 뭔가 특별하다는 생각이 든다면 먼저 나 자신을 '특별하게' 생각하고 '특별하게' 대접해야 한다. 스스로를 '별 볼 일 없는 아무나'라고 생각하는 한, 꿈꾸기는 어려울 수밖에 없다. 꿈이 '아무나' 꿀 수 있는 것이 아니라면 나 자신을 '아무나' 정도로 여겨서야 되겠는가?

이루어놓은 것이 없으므로 스스로를 별 볼 일 없다고 여길지도 모른다. 하지만 그건 절대 사실이 아니다. 미래를 향한 무한한 가능성을 지니고 있는 나는 결코 '아무나'가 될 수 없으며 매우 '특별한' 존재이다. 그렇게 믿어야 우리는 꿈꿀 수 있다.

모든 변화는 나 자신을 소중히 여기는 것에서 시작해야 한다. 하다못해 살을 빼는 것도 나를 '특별히' 여기는 마음에서부터 시작해야 한다. 나 자신을 무의식적으로 천시한다면 건강과 외모를 관리하는 노력을 지속하기 쉽지 않다. 운동과 다이어트를 하는 와중에 힘이 들면 '나 같은 사람이 살을 뺀다고 뭐가 달라지겠어?'라는 생각이 고개를 들 수밖에 없다. 그러므로 살을 빼고 싶다면 '나는 정말 소중하고 특별한 존재야'라고 생각하고 말하며 믿어야 한다.

어쩌면 우리는 자신이 원하는 내면의 욕구를 이미 알고 있는지도 모른다. 자신을 천시하는 습성 때문에 내면의 소리를 뭉개고 마는 것이다. 듣고도 못 들은 척 덮는 것이다.

그러므로 스스로를 별 볼 일 없는 '아무나'로 여기는 습성에서 벗어나서 나를 더 소중하고 특별한 존재로 대접해야 한다. 신은 우리 한 사람, 한 사람을 아무나 정도로 대충 만들지 않으셨다.

우리 모두를 의미 있는 귀중한 존재로 만드셨다. 그러한 사실을 믿고 스스로를 존중하길 바란다. 스스로를 그렇게 특별하게 대접하다 보면, 미세하게 들리는 내면의 욕구와 목소리가 또렷이 들리는 어느 날이 오게 될 것이다.

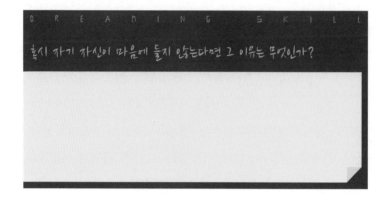

DREAMING SKILL

혹시 자기 자신이 마음에 들지 않는다면 그 이유는 무엇인가?

과거에 못했다고 미래에도 못할 이유는 없다

꿈꾸는 과정에서 다음과 같은 잡념들을 머릿속에 떠올리기 쉽다. '꿈을 가진 사람들은 나와는 근본적으로 다른 특별한 사람들이다', '나는 꿈꿔봤자 소용없다, 어차피 실패할 것이 뻔하다', '나는 지금까지 제대로 한 일이 별로 없다'…….

한마디로 '나 같은 사람은 할 수 없어'라는 부정적인 생각인데, 이것이야말로 꿈꾸기를 가로막는 가장 큰 걸림돌이다. 이러한 부정적인 생각과 관련하여 널리 알려진 세 가지 실험이 있다.

첫 번째 실험은 연구자가 개구리를 작은 통에 넣어두고, 그 통을 유리판으로 덮어두는 것이다. 개구리는 바깥으로 탈출하려고 무수히 시도하지만 유리판에 부딪혀 뜻을 이루지 못하다 포기하고 만다. 어느 정도 시간이 흐른 후, 관찰자는 유리판을 제거한다. 이제 개구리는 원한다면 통에서 벗어날 수 있다. 그러나 개구리는 탈출을 시도하지 않고 결국 말라 죽고 만다.

두 번째 실험에서는 연구자가 생쥐 한 마리를 작은 방에 가둔 뒤 한쪽에 치즈를 둔다. 배고픈 생쥐는 치즈 쪽으로 접근한다. 그때마다 연구자는 버튼을 눌러서 생쥐에게 전기충격을 가한다. 치즈 근처에 갔다가 번번이 고통을 느낀 생쥐는 치즈를 포기해버린다. 한참 후에 연구자는 한쪽에 치즈 대신 잘 익은 생선을 놓아둔다. 그러나 생쥐는 접근조차 하지 않고 결국 굶어 죽고 만다.

마지막으로 힘이 세고 지능도 좋은 코끼리에 관한 흥미로운 관찰이다. 대개 서커스단에서 코끼리를 사육하려면 넓고 튼튼한 사육장이 필요할 것이라 생각한다. 그런데 유랑하는 서커스단이 사육장을 곳곳에 건설하는 것은 불가능하다.

놀랍게도 서커스단은 말뚝과 밧줄 하나로 코끼리를 통제한다고 한다. 그 비법은 갓 태어난 아기 코끼리의 목에 밧줄을 매달고 말뚝에 묶어놓는 것이다. 아기 코끼리는 다른 곳으로 가려 해도 말뚝에 묶인 밧줄 때문에 뜻을 이루지 못한다. 말뚝을 뽑기 위해 애써봐도 뽑을 수가 없다. 결국 밧줄 내에서의 생활에 적응하고 이를 당연하게 받아들이게 된다.

아기 코끼리가 어른 코끼리가 되면 힘이 세져서 말뚝 하나쯤은 거뜬히 뽑을 수 있다. 하지만 어른이 된 코끼리는 말뚝을 뽑겠다는 생각 자체를 하지 못한다. 어렸을 때 뽑지 못했다는 기억 때문이다. 움직이다가 목의 밧줄이 팽팽하게 당겨지면 코끼리는 힘을 빼고 밧줄의 범위 안으로 들어가 버린다.

이렇게 길들여진 코끼리에게는 밧줄도 필요 없다. 밧줄이 없어도 코끼리가 도망가는 일은 없다. 코끼리는 멀리에 음식이 보여도 그쪽으로 갈 수 없다고 생각하기 때문에 갈 생각을 안 한다. 새로운 곳에 가려는 의지도 없다. 서커스단을 따라다니는 것이 가장 편안하다고 생각해버린다.

위의 세 실험에서 개구리, 생쥐, 코끼리는 공통으로 실패를 경험하고 그로 인해 고통과 좌절을 겪었다. 이들은 모두 과거에 못했기 때문에 지금도 할 수 없으며 앞으로도 할 수 없다고 생각하여 도전을 감히 상상하지 못한다.

개구리에게 유리판이 없어지더라도, 생쥐에게 전기충격이 가해지지 않더라도, 코끼리가 충분한 힘을 갖게 되어도 그들은 '나는 할 수 없어'라고 생각한다. 그렇기 때문에 말라 죽고 굶어 죽고 말뚝에 매인 채로 평생을 살아간다.

'나 같은 사람은 할 수 없어'라는 말을 구체적으로 풀어본다면 '나는 과거에 못했기 때문에 지금도, 미래에도 할 수 없어'라고 할 수 있다. 이 생각의 가장 무서운 점은 우리의 무의식 속에 각인되어 '생각의 틀'로 굳어진다는 사실이다.

한번 만들어진 생각의 틀은 나이와 경험이 쌓여갈수록 더 완고해진다. 시간이 흐를수록 우리는 할 수 있는 일들만을 생각하며 살게 된다. 이러한 생각의 틀에 갇혀 있는 한, 아무리 환경과 여건이 변해도 꿈은 남의 이야기일 수밖에 없다.

삼성그룹을 창업했던 고(故) 이병철 회장은 젊은 시절 정미소를 경영했다. 그 시절에 정미소를 경영했다는 것은 꽤나 성공한 사업가임을 뜻한다. 그런데 어느 날 그는 정미소를 정리하고 무역업을 시작했다. 그가 어떤 계기로 그러한 변화를 결심했는지 모르겠지만 아마 그러한 도전이 없었다면 지금의 삼성그룹은 존재하지 못했을 것이다.

이병철 회장의 가장 위대한 점은 어느 정도 성공을 거두었음에도 자신의 생각을 어떤 틀에 가두지 않았다는 점이다. 그는 평생 생각의 틀을 깨면서 살아갔다. 그랬기에 이미 성공한 사업가였음에도 지속적으로 새로운 일에 도전할 수 있었다.

흔히 꿈을 번뜩이는 영감이나 순간적인 아이디어를 통해 얻는 것으로 오해하기도 한다. 그러나 꿈을 가지기 위해서는 생각의 틀을 깨는 꾸준한 노력이 필요하다. 이는 매우 고단하고 지루한 과정이다.

꿈을 이루어낸 사람들이 처음부터 대단했던 것은 아니다. 꿈을 가지고 노력하다 보니 그에 걸맞은 인물로 성장하게 된 것이다. 그러므로 머리가 비상하지도 않고 돈이 많지도 않고 문학이나 음악, 예술적인 재능도 없으며 외국어에 능통하지 못하고 인맥도 넓지 않은 평범한 나에게 꿈은 어울리지 않는다고 속단하지 말자. 이러한 선입견은 '나는 할 수 없어'라는 부정적인 인식에서 비롯되는 것임을 분명히 알아야 한다.

철학자 윌리엄 제임스는 '생각을 바꾸면 세상이 바뀐다'라는 경구가 20세기 최고의 발견이라 말했다. 또한 사무엘 스마일스는 "생각을 심으면 행동을 거두고, 행동을 심으면 습관을 거두고, 습관을 심으면 성품을 거두고, 성품을 심으면 운명을 거둔다"라고 말한 바 있다. 이는 생각의 중요성을 강조한 말들이다.

과거에 못했다고 해서 미래에도 못할 이유는 없다. 지금 영어를 못한다고 해서 앞으로도 못할 것이라는 법은 없다. 매일 한 시간씩 10년간 노력한다면 10년 후에는 영어전문가가 될 수도 있다. 지금은 비록 돈이 충분치 않고 예술적 재능이 부족하며 인맥이 협소할지라도 미래에도 역시 그럴 것이라 단정하고 생각을 제한할 필요는 없는 것이다.

우리는 미래를 만들어나갈 수 있는 자유의지를 가지고 있다. 10년, 20년 동안 지속적으로 노력한다면 그러한 능력들을 갖추지 못할 이유는 없다. '나는 할 수 없어'라는 생각은 꿈꾸는 과정에서 거의 예외 없이 떠오르는 상념이며 두려움이다. 삶의 목적, 꿈을 가지기 위해 미래에 대한 두려움을 극복해가자.

스스로에게 높은 기대를 걸라

100년 전 프랑스에서 에밀 쿠에라는 약사가 약국을 경영하고 있었다. 어느 날 손님이 처방전도 없이 약국을 찾아와 약을 달라고 성화를 부렸다. 쿠에는 할 수 없이 비타민을 처방해주었다. 그런데 며칠 후 그 손님이 다시 찾아와서 고맙다며 연신 인사를 해댔다. 약사와 약에 대한 믿음으로 병이 완치되었던 것이다.

'믿음이 병을 치료할 수 있다면 인생도 변화시킬 수 있지 않을까?' 쿠에는 틈틈이 이 사건에 대한 연구를 시작했고 몇 년 후 공식 하나를 개발해냈다. 이 공식은 곧 세계로 퍼져 나갔으며 수많은 사람에게 영감을 주었다.

"나는 날마다 모든 면에서 더 좋아지고 있다!"

이것이 바로 그 유명한 쿠에의 공식이다. 이 공식은 '위약효과' 혹은 '플라세보효과'라는 용어로도 잘 알려져 있다. 쿠에는 하루

스무 번씩 이 공식을 큰소리로 외치라고 주문한다.

나도 이 공식을 집과 연구실에 붙여놓고 있다. 나 자신을 더 소중히 여기고 더 나아지기 위해 매일 노력하겠다는 의지를 다지기 위함이다.

지혜로운 인생 선배들은 스스로에게 높은 기대를 걸라고 조언한다. 자신이 앞으로 발전할 것으로 기대함으로써 더 집중해서 노력할 수 있으며 좋은 결과를 얻을 수 있다는 것이다. 자신을 기대한다는 것은 '자신을 특별하고 소중한 존재로 여긴다'와 같은 뜻이다.

이처럼 자신 스스로를 기대하는 것을 심리학에서는 '피그말리온효과', 교육학에서는 '로젠탈효과'라고 부른다. 여러 학문 분야에서 이를 주요한 주제로 다루고 있다는 사실은 스스로를 특별하게 여기고 기대하는 것 자체가 적지 않은 의미를 지니고 있음을 시사하는 방증일 것이다.

교육학에서 '로젠탈효과'로 부르는 이유는 하버드대학 교수 로버트 로젠탈의 실험 때문이다. 1968년 로젠탈 교수는 미국의 초등학교에서 지능검사를 시행하였다. 그리고 무작위로 20퍼센트 정도의 학생들에게 '지적 능력이나 학업 성취가 향상될 가능성이 큰 학생들'이라고 알려주었다.

8개월 후 다시 검사해보니 교수의 이야기를 들은 학생들의 성적이 크게 향상되었다. 그 학생들은 주위의 기대에 부응하기 위해 더 열심히 노력했던 것이다. 스스로에게 긍정적인 기대를 한다면 우리는 더 노력할 수 있으며 좋은 결과를 얻을 수 있다.

미국의 트럭 배송회사 PIE의 사례를 통해서도 자신에게 거는 긍정적인 기대의 중요성을 확인할 수 있다. 어느 날 PIE의 경영진은 직원들의 사소한 부주의 때문에 매년 25만 달러의 손실이 발생한다는 사실을 확인했다. 이들은 전문가의 조언에 따라 직원들의 호칭을 '일꾼'이나 '운전사' 대신에 '장인'으로 바꿔 부르도록 하였다. 그 외에 특별히 달라진 점은 없었다. 하지만 놀라운 변화가 일어났다.

'장인'이라는 호칭을 일상적으로 사용한 결과 직원들은 스스로를 장인으로 생각하기 시작했고, 한 달이 지나지 않아 배송 관련 실수가 10퍼센트 이하로 줄어든 것이다. 서로를 부르는 호칭 하나가 스스로를 특별한 사람으로 인식하고 기대하게 만들었으며 업무에서도 실수를 줄이는 결정적인 계기가 된 것이다.

우리는 스스로에게 거는 기대 이상으로 발전할 수 없다. 미래를 부정적으로 기대하거나 자신을 별 볼 일 없고 하찮게 여긴다면 삶이 조금도 나아지지 않는 것은 너무나 당연한 일이다.

칩 히스와 댄 히스 형제가 저술한 『스위치』에서는 고정형 사고방식과 성장형 사고방식을 비교·분석하고 있다. 다음 문장들을 읽고 여러분은 어느 쪽 의견에 동감하는지 답해보길 바란다.

첫째, 사람의 성격과 능력은 변화하기 어렵다.

둘째, 사람의 성격과 능력은 노력에 따라 변할 수 있다.

첫 번째 의견에 동감한다면 '고정형 사고방식'을, 두 번째 의견

133

을 선택했다면 '성장형 사고방식'을 가진 사람이다.

고정형 사고방식을 지닌 사람들은 사람의 능력은 고정되어 있어 약간 변동할 수 있어도 크게 발전하기는 어렵다고 생각한다. 따라서 이들은 도전을 기피하려는 성향이 있다. 실패하면 남들의 눈에 패배자로 비칠까 두렵기 때문이다. 또 노력을 기울이지 않는 것처럼 보이려고 애쓴다. 정말 뛰어난 사람은 노력할 필요가 없다고 생각하기 때문이다.

그에 반해 성장형 사고방식을 지닌 사람들은 훈련을 통해 능력은 발전할 수 있다고 믿는다. 이들은 실패의 가능성에 아랑곳하지 않고 새로운 일에 도전한다. 또한 비판을 잘 받아들이는 경향이 있다. 비판을 통해 더 발전할 수 있다고 믿기 때문이다. 성장형 사고방식의 사람은 발전할 수밖에 없다. 여러분 안에 잠재력을 충분히 발휘하고 싶다면 성장형 사고방식을 가지길 바란다.

오지탐험가이자 월드비전 긴급구호팀장이었으며 현재는 미국에서 국제관계 및 국제법을 공부하고 있는 한비야는 성장형 사고방식을 유감없이 드러낸다. 어려움을 발전의 원동력으로 보는 사고방식 덕분에 그녀는 도전적인 인생을 살고 있는 것 같다. 월드비전 긴급구호팀장으로 일하면서 쓴 『지도 밖으로 행군하라』에는 다음과 같은 내용이 있다.

한비야, 신고합니다!
태어날 때부터 전문가인 사람이 어디 있는가.
누구든지 처음은 있는 법. 독수리도 기는 법부터 배우지 않는가.

처음이니까 모르는 것도 많고 실수도 많겠지.

저런 초짜가 어떻게 이런 현장에 왔나 하는 사람도 있을 거다.

그러니 이 일을 시작한 지 겨우 6개월 된 나와 20년 차 베테랑을 비교하지 말자.

오늘의 나와 내일의 나만을 비교하자.

나아감이란 내가 남보다 앞서 가는 것이 아니고, 현재의 내가 과거의 나보다 앞서 나가는 데 있는 거니까.

모르는 건 물어보면 되고 실수하면 다시는 같은 실수를 하지 않도록 하면 되는 거야.

꿈을 가진 사람들은 대부분 성장형 사고방식을 지녔으며 '미래는 나아질 거야'라는 공통적인 믿음을 가지고 있다. 상황이 제아무리 힘들지라도 지금의 어려움이 영원하다고 생각하지 않고 극복해낼 거라고 믿는다. 에밀 쿠에의 공식 '나는 날마다 모든 면에서 더 좋아지고 있다!'를 새기는 것이다.

그런 의미에서 절대로 경계해야 할 몇 가지 속담들이 있다. 가장 대표적인 속담이 '세 살 버릇 여든까지 간다'이다. 세 살 버릇은 명백히 세 살 버릇일 뿐이다. 세 살 때 나쁜 습관이 있었더라도 노력으로 극복해낼 수 있으므로 절대로 포기해서는 안 된다.

'될성부른 나무는 떡잎부터 알아본다'는 속담 역시 과감히 거부해야 한다. 떡잎이 나빴다면 아무리 노력해도 허사란 말인가? '대기만성(大器晚成)'이라는 말처럼 떡잎은 볼품없었어도 노력하면 얼마든지 대성할 수 있다.

'안에서 새는 바가지 밖에서도 샌다', '하나를 보면 열을 안다' 등의 속담도 맹신해서는 안 된다. 하나는 하나일 뿐 절대로 열은 아니다. 이러한 속담들은 아무리 노력해도 허사일 것이라는 선입견을 심어준다. 결과적으로 자신도 모르는 사이에 고정형 사고방식을 따르게 하는 것이다.

성장형 사고방식은 어떠한 단점이나 결점으로 인해 인생 전체가 망가진다고 생각하지 않는다. 대인관계가 폭넓지 않거나 공부를 못하거나 외국어를 못하거나 정리를 못하거나 운동을 못할지라도, 그렇다고 해서 꿈과 행복을 추구하지 않을 이유는 없다.

혹 우리가 가진 단점들이 사소하지 않을지라도 인생의 발전을 포기해서는 안 된다. 단점을 극복하거나 다른 장점을 부각하는 방향으로 노력하면 된다. 모든 면에서 완벽할 수 있는 사람은 없다. 어떤 단점이 있다면 그 단점이 동시에 장점이 되는 것이 인생이다.

성장형 사고방식을 가슴에 새기고 "나는 날마다 모든 면에서 더 좋아지고 있다"라고 말해보자. 이러한 사고방식으로 꿈을 만들고 매일매일 노력하며 살아간다면 분명히 더 나은 사람이 될 수 있다.

삼성전자 황창규 전 사장은 '황의 법칙'을 전 세계에 공표했다. '황의 법칙'이란 '전자산업의 메모리 집적도는 매년 두 배씩 성장한다'는 내용이다. 삼성전자가 이러한 법칙을 발표하는 목적은 전자산업이 눈부시게 발전할 것이라는 단순한 전망을 내놓기 위함이 아니다. 앞으로 삼성전자가 메모리 집적도를 매년 두 배씩 성장시켜나가겠다는 의지를 전 세계에 선포하기 위함이다. 전자산업의 미래를 삼성전자가 선도해나가겠다는 의지인 것이다. 이러한 의지 덕분일까? 매년 삼성전자는 다른 기업들과의 기술 격차를 유지해 나가고 있다.

미래의 나를 위한 꿈을 만들고 이루려면 미래를 창조해내겠다는 의지를 가지고 미래의 나를 만나보는 과정을 거쳐야 한다. 그런 의미에서 다음과 같은 구체적인 질문들을 활용해보길 바란다. 질문의 형태가 다소 특이하게 여겨질 수 있는데, 이러한 질문의 의도가 앞으로의 삶을 어떻게 살아갈지를 답해보는 것이기 때문이다. 미래의 시점은 5년, 10년, 20년, 30년 등으로 다양하게 변화시켜나갈 수 있다.

| 미래의 나에 관한 질문들 |

개인과 관련한 사항들	• 하루 일과는 어떻게 진행되는가? • 건강은 어떻게 관리하고 있는가? • 문화생활은 어떻게 보내고 있는가? • 여가 시간은 어떻게 활용하고 있는가? • 나는 나를 어떤 사람으로 생각하는가?
가정과 관련한 사항들	• 어떤 곳에서 살고 있는가? • 배우자는 어떤 사람인가? • 자녀는 어떠한가? • 가족들은 나를 어떤 사람으로 생각하는가?
직업과 관련한 사항들	• 나는 어떤 일을 하고 있는가? • 나에게는 어떤 능력들이 있는가? • 직장에서 사람들은 나를 어떻게 생각하는가?

20년 후의 나는 결코 현재의 나가 아니다

일명 '달인'들이 출연해서 갈고닦은 솜씨나 기술들을 선보이는 텔레비전 프로그램이 있다. 초밥, 김밥, 국수, 짜장면 등의 요리 만들기나 꾸미기 및 정리 방법, 화초 가꾸기 등의 집안 살림에서 부터 직업적인 분야에 이르기까지 다양한 달인들이 등장하는데, 이들의 솜씨에 실로 놀라움을 금할 수 없다. 달인들에게는 공통점이 있다. 바로 수십 년간 기술을 연마하고 단련해왔다는 사실이다.

삶의 목적을 가진다는 것은 일평생 최선을 다해 노력하며 살겠다는 의지를 천명하는 것이다. 그런 의미에서 명심할 사항이 있는데, 그것은 20년 후의 나는 결코 지금의 내가 아니라는 점이다. 편의상 20년을 기준으로 생각해보자.

적어도 20년간 꿈을 이루기 위해 노력한다면 미래의 나는 어떤 분야에서 뛰어난 능력의 달인이 될 수 있을 것이다. 제아무리 뛰어난 재능을 가졌더라도 노력하지 않고 세월을 보낸다면 평범해질 수밖에 없다. 반대로 재능이 부족해도 20년간 매일 노력하면 달인의 경지에 오를 수 있다.

예를 들어 지금은 영어 실력이 부족해도 20년 동안 매일 한 시간씩 공부한다면 영어전문가가 될 수 있다. 이 사실을 믿기에 나는 매일 새벽마다 인터넷으로 영어 강의를 한 시간씩 수강하고 있다. 실력이 더디게 늘지만 최소 20년간 지속할 것을 작심하며 영어를 공부하고 있다.

만약 20년 후의 내가 지금과 별반 차이가 없다면 그것은 무엇을 뜻하는 것일까? 20년의 세월을 적당히 흘려보냈음을 의미한다. 직장인이라면 아침에 겨우 일어나 출근해서 일하고 퇴근해서 저녁 먹고 텔레비전의 스포츠 중계나 뉴스, 드라마를 시청하고 잠자리에 들었을 것이다. 주말에는 늘어지게 자거나 결혼식, 돌잔치 등의 경조사에 가는 등 그럭저럭 세월을 보냈을 것이다.

20년 동안 적당히 세월을 보냈을지라도 달라지는 것들이 있기는 하다. 나이가 들어 중년이 되고 자녀들이 제법 성장하며 어느 정도 자산이 증식했을 수도 있다. 그러나 세월에 따른 이러한 변화들을 배제하고 20년 후의 내가 지금보다 더 나아지도록 노력하자.

아마 상상할 수 있는 최악의 미래는 한결같이 노력하며 살았음에도 20년 후에 지금과 별반 달라지지 않는 바로 그것일지도 모른다. 하지만 이런 상상은 하지 말자. '어차피 달라지지 않을 거야'라는 부정적인 인식은 노력을 지속하기 어렵게 만든다.

20년 후의 나는 지금의 나와는 전혀 다른 인물임을 믿어보자. 이는 분명해서 부정할 수 없는 진실이다. 삶의 목적으로서 꿈을 만들고 그 꿈을 향해 10년, 20년을 노력하며 살 것을 결심한 사람은 발전이 더딜지라도 지금과는 차원이 다른 인물이 될 수밖에 없다.

대부분의 자수성가한 위인들은 현재 상황이 궁핍할지라도 미래에는 위대한 인물이 될 것을 믿고 노력하는 삶을 살았다. 위대한 인물이 되고야 말겠다는 의지로 노력했던 것이다.

그러한 대표적인 인물이 바로 전 세계에 250개가 넘는 힐튼 호텔을 세운 호텔 왕 콘래드 힐튼이다. 힐튼은 세계적인 공황으로 망해버린 집안에서 어렵게 자랐다. 젊은 시절 그는 호텔에서 일하는 벨보이였는데 방을 청소하는 일로 생계를 유지했다.

현실이 그러함에도 그는 미래에 큰 호텔의 주인이 될 것을 꿈꾸었다. 그러한 꿈을 가지고 매일매일 노력하며 살았다. 그는 말한다. "벨보이 시절에 나보다 일을 잘하는 사람도 많았고 나보다 경영능력이 탁월한 사람도 많았다. 하지만 호텔을 경영하게 되리라 믿고 꿈꾸었던 사람은 나 혼자뿐이었다."

애플의 최고경영자 스티브 잡스 역시 젊은 시절 매우 가난한 청년이었다. 그는 태어난 지 일주일 만에 입양되어 양부모의 슬하에서 자랐다. 그의 친부모는 대학원생으로 동거하며 살았는데 자녀를 키울 여건이 되지 않았기 때문이다.

고등학교를 졸업한 잡스는 오리건주의 리드대학에 입학했으나 한 학기 만에 중퇴했다. 학비가 부담스러웠기 때문이다. 그럼에도 컴퓨터를 가지고 세상을 바꿔보겠다는 크고 야심찬 꿈을 꾸고 있었다. 우주에 영향력을 미칠 만한 위인이 되고 말겠다고 확언할 정도였다.

다음 표의 빈칸에 여러분이 갖길 희망하는 미래의 능력들을 써 보라. 그리고 그 능력들을 가지기 위해 20년 동안 어떻게 노력해야 할지 적어보길 바란다.

| 20년 후 내가 가지고 있길 바라는 능력 |

분류	세부 내용	달성 방법 및 시기
외국어능력		
대인관계 능력		
전문지식 및 학위		
경영능력		
운동능력		
자격증		
기타		

20년 후의 나에게
어울리는 꿈을
만들라

미국의 제66대 국무장관을 역임한 최초의 흑인 여성 콘돌리자 라이스는 인종차별이 심한 앨리배마주 버밍햄에서 교육자 부모 사이에서 태어났다. 그녀는 열 살 때 부모와 여행하면서 백악관에 이르렀는데, 자신의 피부색 때문에 그곳에 들어가지 못한다는 사실에 큰 충격을 받았다. 그리고 언젠가 반드시 저 안으로 들어가리라 다짐했다.

라이스는 25년 동안 치열하게 노력하며 살았다. 덴버대학 정치학과를 우수한 성적으로 졸업했으며 러시아어, 체코어, 스페인어, 프랑스어 등을 능숙하게 구사했고 소련 연구 분야에서 명망이 있는 학자가 되어 스탠퍼드대학 최연소이자 흑인 여성 최초로 부총장까지 역임했다.

한편 세계적인 첼리스트 요요마와 협연할 만큼 피아노에도 조예가 깊다. 이러한 장기는 외교 무대에도 유감없이 발휘되었다. 그녀는 2006년 말레이시아에서 열린 제39회 아세안 장관회담에서 피아노를 연주했으며 2008년에는 영국 버킹엄궁에서 엘리자베스 여왕을 위해 연주하기도 했다. 더불어 자선 및 구호를 위한 모금음악회에서 피아노를 연주해오고 있다.

이러한 삶의 이력을 보았을 때 그녀가 어떻게 살아왔겠는가? 아마 치열하게 노력하면서 살았을 것이다. 그러한 노력의 결과로 1990년 조지 부시 전 대통령의 수석 보좌관으로 백악관에 입성하고 2001년 아들 조지 W. 부시가 대통령에 당선되면서 여성으로는 최초로 국가안보보좌관을 맡았으며 2005년 부시 2기 정권 때는 국무장관을 역임한 것이다.

열 살의 라이스는 어린 소녀였지만 자신의 미래를 비관적으로 바라보지 않았다. 쉽게 이룰 수 있는 꿈은 아니었지만 그래도 앞으로 20년 이상 열심히 노력해서 이뤄내고 말겠다는 의지를 다졌다. 그러한 의지로 노력하며 살았기에 그녀에게 피부색은 문제가 되지 않았다.

먼 미래를 내다보는 스토리형 꿈을 생각해볼 때 삶의 목적으로서의 꿈은 현재의 내가 아니라 20년 후의 나를 위한 꿈이어야 한다. 현재 나의 능력에 어울리는 꿈을 만들어야 한다면 상상할 수 있는 범위는 축소될 수밖에 없다. 20년 후의 나에게 어울리는 꿈을 꾼다면 무엇이든 상상해볼 수 있다.

'20년 후의 나를 위한 꿈을 만든다'는 표현은 '20년 동안 꿈을 향해 노력하겠다'는 의지를 천명하는 것에 다름 아니다. 제아무리 뛰어난 천재라도 노력하지 않으면 20년 후에는 평범해질 수밖에 없다. 20년 동안 매일같이 노력하며 살아갈 나는 분명히 뛰어난 달인이 될 수 있다.

지금은 능력이 부족할지라도 20년 후 뛰어난 능력의 나에게는 어떤 멋진 일들이 어울릴지를 생각하며 꿈을 만들어보자. 그렇게 꿈을 만들고 하루하루를 노력하며 살아가자.

'10년 후에 영어와 중국어에 능통하게 된다면 나는 무엇을 하고 싶을까?'를 생각해보는 것도 좋은 방법이다. 영어와 중국어를 동시에 능수능란하게 하는 것은 쉬운 일이 아니다. 하지만 10년 동안 새벽마다 학원에 다니는 등으로 노력한다면 불가능한 일만은 아니다.

이렇게도 생각해보자. '10년 후에 영어와 중국어에 능통하게 된다면 나는 어디에서 어떻게 생활하고 있을까? 세계를 무대로 사업을 하고 다양한 문화와 음식을 즐기며 여행을 다니게 되지 않을까?'

전문분야의 석·박사 학위를 취득하거나 책을 쓰거나 창업을 하거나 가치 있는 자격증을 가지거나 방송에 출연하거나 승진하는 등의 갖가지 상황으로 20년 후의 나를 상상해볼 수도 있다. '이런 노력의 결과로 20년 후에 달인의 경지에 오른다면, 나는 무엇을 하고 싶을까?' 방향을 살짝 틀어서 행복한 기분으로 상상의 나래를 펼쳐보길 바란다.

미래의 나를 위한 꿈을 만들기 위해 구체적인 인물을 상상해 보는 것도 좋은 방법이다. 20년 후에 내가 반기문 사무총장 같은 세계적인 외교관이 된다면? 빌 게이츠처럼 세계적인 사업가가 된다면? 워런 버핏과 같은 세계적인 갑부가 된다면? 김연아, 박지성 같은 뛰어난 운동선수가 된다면? 그러한 인물에게 어울리는 꿈은 무엇일까?

빌 게이츠가 레스토랑을 경영한다면 어느 정도가 어울릴까? 워런 버핏이 호텔을 세운다면 얼마만큼의 규모가 어울릴까? 아마도 세계적인 규모의 레스토랑과 호텔 정도는 되어야 그들에게 어울릴 것이다.

빌 게이츠도 20대에는 대학중퇴일 뿐이었다. 나라고 미래에 빌 게이츠나 워런 버핏과 같은 인물이 되지 말라는 법은 없다. 그렇게 20년 후의 나에게 어울릴 만한 꿈을 상상하여 만들어보길 바란다.

위인들은 절대로 특별한 사람이 아니었다. 꿈을 향해 더 인내하고 노력했기 때문에 성공할 수 있었을 뿐이다. 이 사실을 인정하자. 나라고 해서 못할 이유가 없다. 20년 후의 나에게 어울리는 꿈을 상상해보자. 중요한 것은 의미 있는 꿈을 향해 앞으로 20년간 노력하며 살아가는 바로 그것이다.

20년 후 여러 외국어에 능통하다면 어디에서 무엇을 하며 살고 싶은가?

20년 후 빌 게이츠, 반기문 같은 위인이 된다면 어떤 일을 하고 싶은가?

불가능해 보이는
꿈을 그리라

꿈꾸는
기술 5

불가능은
사실이 아니라
누군가의
의견일 뿐이다

문석이에게는 형이 한 명 있다. 형은 문석이의 영웅이자 부러움과 선망의 대상이며 가까이하기에는 너무 먼 당신이다. 그도 그럴 것이 문석이의 형은 모든 면에서 탁월했다. 공부, 운동, 대인관계, 리더십 등 모든 면에서 흠잡을 데가 없었다.

　항상 1등을 놓치지 않았고 학급 반장, 전교회장도 도맡아 했으며 친구들에게 신망도 두터웠다. 서울대학을 수석으로 졸업하고 현재 대기업 연구소에서 촉망받는 인재로 근무하고 있다. 작년에는 좋은 집안의 예쁘고 똑똑한 형수님과 결혼식도 성대하게 올렸다. 어떻게 인맥을 관리했는지 국회의원, 기업의 사장 및 임원 등 저명인사들이 보내온 축하 화환들이 결혼식장을 빼곡히 장식했다.

　형은 가문의 영광이자 부모님의 자랑이며 어른들의 기대를 한

몸에 받는 귀하신 몸이었다. 한마디로 '엄친아'였다. 그런 '엄친아'가 친형이었으니 문석이의 기분이 어땠을까?

누가 뭐라지 않아도 문석이는 초라함을 느꼈다. 형을 편애하는 어머니가 사사건건 자신과 형을 비교하는 이야기를 들을 때면 스스로에게 화가 나기도 했다. 어느 면에서 보더라도 자신은 형보다 나은 구석이 없어 보였다. 문석이에게 형은 감히 넘볼 수 없는 '하늘의 별'이었다.

어머니로부터 인정받지 못하는 문석이는 스스로를 사랑받을 자격이 없다고 여겨왔다. 자존감은 땅에 떨어졌다. 삶에서 재미를 도저히 찾을 수가 없었다. 여자친구가 생기거나 장학금을 받는 등의 좋은 일들이 생겨도 소소한 결점을 찾아내어 스스로 기분을 우울하게 만들었다. 어느 때부터는 아무리 노력해도 기운이 나지 않는 무력감에 시달리기 시작했다.

그러던 어느 날 문석이는 꿈꾸는 기술을 통해서 자신만의 스토리형 꿈을 만들었다. 문석이의 꿈은 '미국 월스트리트의 투자 전문가로 활동하면서 후학을 양성하고 대한민국의 국위를 선양하는 것'이다. 이 꿈을 이루기 위해 문석이는 대학을 졸업한 후에 미국의 대학원에 진학하기 위해 준비하고 있다.

부수적으로 '20년 후에 형을 능가하는 위대한 인물이 되겠다'는 꿈도 정했다. 문석이가 형을 능가하는 것은 거의 불가능할지도 모른다. 아마 말이 안 되는 게임이라는 것을 문석이 본인이 가장 잘 알 것이다. 대한민국 최고 대학을 수석 졸업해서 대기업의 핵심인재로 활동하며 좋은 집안의 사위가 된 형에 비하면 문석이는 초라하기 그지없기 때문이다.

하지만 인생에서의 길고 짧음은 끝까지 대보아야 아는 것이다. 나는 두 형제의 선의의 경쟁에서 문석이를 응원하고 싶다. 형은 이러한 사실조차 모를뿐더러 알더라도 전혀 개의치 않을 테지만 말이다.

지금 문석이는 꿈을 향해 하루하루 노력하며 살고 있다. 불가능해보이는 꿈이지만 20년간 끊임없이 노력하겠다는 의지를 품고 있다. 문석이에게 불가능은 사실이 아니라 누군가의 의견일 뿐이다. 장기적인 삶의 목적으로서의 꿈을 정하자 문석이에게는 더 열심히 살고 싶은 마음이 생겼다. 우울증과 무력감은 거짓말처럼 사라졌다.

언젠가 문석이는 나에게 고마움의 표시라며 성경책을 내밀었다. 크리스천인 나에게 가장 의미 있는 선물이 성경일 것 같았단다. 그러면서 이렇게 말했다.

"꿈꾸는 기술이 아니었으면 계속 우울증에 심하게 시달렸을 거예요. 열심히 공부해서 장학금을 타도 하나도 기쁘지 않았을 정도로 사는 게 재미없었거든요. 하지만 꿈을 가지면서 삶에 의미가 생겼어요."

어떤 이들은 나이가 많아서 꿈을 꾸는 일이 불가능하다고 말한다. 하지만 미국의 국민화가 그랜드마 모지스의 이야기를 살펴보자.

모지스는 1860년 뉴욕에서 가난한 농부의 셋째 딸로 태어나 제대로 된 교육을 받지 못하며 자랐다. 스물여덟 살에 농부인 남편과 결혼할 때까지 가정부로 일했으며 결혼 후 농사를 지으며 열 남매를 키운, 당시로는 평범한 가정주부였다. 67세에 남편이 세상을 떠난 이후로도 10년간이나 농사를 더 지었다.

그녀의 나이 77세에 위기가 찾아왔다. 관절염 때문에 더 이상 바느질을 할 수 없게 된 것이다. 그래서 붓을 잡고 그림을 그리기 시작했다. 그림은 그녀의 어린 시절부터 동경해온 꿈이었는지도 모른다. 그녀는 먼저 엽서에 그려진 그림을 베끼면서 그림을 그리기 시작했다.

모지스는 주로 시골의 풍경들을 그렸다. 그녀의 화풍은 어딘지 밝고 산뜻한 매력이 있다. 아마도 그녀의 밝은 심성이 깃들었기 때문일 것이다. 인터넷에서 그녀의 그림들을 검색해보길 바란다. 누구라도 그림의 매력에 흠뻑 빠져들 것이다.

1939년 80세의 그랜드마 모지스는 뉴욕에서 연 첫 개인전에서 화랑의 주인들이 그림을 몽땅 구입할 정도로 큰 호평을 받았다. 그것을 시작으로 미국과 유럽 각지에서 전시회를 열게 되었고 세계인의 많은 사랑을 받았다. 그렇게 그녀는 미국을 대표하는 국민화가의 반열에 올랐다.

1949년 해리 트루먼 대통령은 90세의 그녀에게 '여성 프레스 클럽 상'을 수여했고, 1952년 92세에 그녀는 자신의 그림처럼 활기찬 문체로 『내 삶의 역사My Life's History』라는 자서전도 출간했다.

1960년 넬슨 록펠러 뉴욕주지사는 그녀의 100번째 생일을 '그랜드마 모지스의 날'로 선포했다. 1961년 101세로 세상을 떠날 때까지 그랜드마 모지스는 붓을 손에서 놓지 않았으며 총 1천600점 이상의 작품들을 세상에 남겼다.

자신에게 재능이 있느냐의 여부는 꿈을 이룰 수 있느냐를 결정하는 절대적인 이유가 아니다. 예술적 재능이 뛰어날지라도 77세에 그랜드마 모지스가 붓을 잡지 않았다면 그녀의 재능은 사장되었을 것이다. 나이가 많아 불가능하다는 것 역시 사실이 아니다. 단지 누군가의 의견 중 하나일 뿐이다.

불가능하다는 말을 앞세우는 사람은 어떤 일도 이루어낼 수 없다. '불가능이란 사실이 아니라 누군가의 의견일 뿐이다'라는 믿음으로 도전해온 사람들 덕택에 세상은 지금껏 발전해왔다. 인류 역사에는 그러한 믿음으로 큰일을 해낸 사람들이 많은데 그중 몇 사람을 더 소개하겠다.

미국의 포드 자동차 창업주 헨리 포드는 어느 날 연구원들에게 8기통 엔진을 개발하라고 지시했다. 하지만 연구원들은 하나의 엔진에 여덟 개의 실린더를 탑재하는 것은 불가능하다고 반박했다. 포드는 정규 교육을 받지 못한 반면 연구원들은 수학, 물리학, 공학지식에 해박한 전문가들이었다. 그럼에도 포드는 다시금 요구했다. "어떻게든 만들어보게. 아무리 시간이 걸려도 좋으니 그 일에 전념하도록 하게."

연구원들은 전력을 다했지만 별 진전이 없었다. 불가능하다는 반복적인 보고에도 포드는 "몇 번이라도 좋으니 다시 도전하게. 무슨 일이 있어도 나는 그 물건이 필요하단 말일세"라고 답했다. 연구원들은 다시금 개발에 몰두했다. 얼마 후 거짓말처럼 V-8 엔진이 탄생했다. 포드와 연구원들이 벌였던 씨름은 지금도 곳곳에서 재현되고 있다.

1950년대까지 의과학자들은 사람이 1마일(약 1.6킬로미터)을 4분 안에 달리는 것은 불가능하다고 보았다. 인체의 구조와 운동능력으로 볼 때 1마일을 4분 안에 달리면 폐와 심장이 파열해버린다는 것이다. 그래서인지 육상선수들은 4분 이하의 기록을 내지 못했다.

그런데 1954년 5월 6일 로저 배니스터라는 영국선수가 1마일을 3분 59초 4로 주파해내면서 파란을 일으켰다. 더 놀라운 것은 배니스터 이후 다른 선수들도 4분의 벽을 우후죽순처럼 돌파하기 시작했다는 것이다. 한 달 만에 열 명의 선수들이 4분을 돌파했으며, 그 숫자는 1년 후 서른일곱 명으로, 2년 후에는 무려 300명으로 늘었다. 사람이 1마일을 4분 이내에 주파할 수 없다는 것은 의과학자들의 '의견'에 지나지 않았다.

한때 의학계에서는 소아마비를 극복할 수 없는 질병으로 분류했다. 소아마비는 1950년 미국에서 5만 명, 우리나라에서 2천 명 이상 발생할 정도로 아이들에게 공포의 대상이었다.

그런데 1952년 3월 26일 미국 조너스 솔크 박사가 소아마비의 백신을 개발해냈다. 이후 소아마비 발생 건수는 비약적으로 줄어들었으며 1984년 이후에는 자취를 완전히 감췄다.

솔크 박사의 위대함은 백신 개발에만 그치지 않았다. 당시 그는 백신제조법을 특허로 등록하면 억만장자가 될 수 있었다. 하지만 그는 주위의 만류에도 제조법을 무료로 공개하였다. 그 결과 전 세계에 백신을 값싸게 보급할 수 있게 되었다. 그렇게 솔크 박사는 소아마비를 '과거의 질병'으로 돌려놓았다. 솔크 박사의 혁혁한 공로가 있은 이후 의학계는 '절대로'라는 말을 절대로 해서는 안 된다는 교훈을 배웠다.

런던대학 디오니서스 라드나 교수는 고속열차에 관해 개인적인 의견을 피력한 적이 있다. "고속열차는 절대로 불가능하다. 열차가 너무 빨리 달리면 승무원들이 질식해 죽을 것이다."

1859년에 세상을 떠난 라드나 교수의 의견에 당시 사람들은 동조했을지도 모른다. 하지만 우리나라에서 KTX라는 이름으로 운행되고 있는 고속열차는 오늘날 선진국들의 주요 교통수단이다.

세계적인 물류업체 페덱스의 창업자 프레드릭 스미스 회장은 대학 시절 미국 전역을 서비스하는 물류사업에 관한 아이디어를 고안했다. 하지만 그의 지도교수는 그 아이디어가 현실적으로 불가능하다고 혹평했다. 그럼에도 스미스는 1973년 페덱스를 창업했고 현재 이 회사는 220개국에 하루 340만 건 이상의 화물을 운송하는 세계적인 항공물류회사가 되었다.

19세기까지 사람들은 무거운 물체가 하늘을 나는 것은 불가능하다고 생각했다. 이러한 통념에 정면으로 반기를 든 사람들이 있었는데 바로 미국의 라이트 형제이다. 기계완구와 자전거점을 운영하던 라이트 형제는 우연한 기회에 항공에 흥미를 느끼게 되었다.

그들은 글라이더를 제작하여 수천 번의 실험을 진행한 끝에 1903년 처음으로 동력비행기 조종에 성공했다. 그들의 첫 작품 플라이어 1호는 12초 동안 36미터를 날았고 두 번째 비행기는 59초 동안 243.84미터를 비행했다. 1904년에는 45분 동안 비행했고 상하좌우의 조종도 가능하게 되었다. 1905년 플라이어 3호는 40킬로미터를 38분에 비행한 기록도 세웠다고 한다.

자신의 꿈에 대해 누군가는 불가능하다고 말할지 모른다. 하지만 그것은 사실이 아니라 누군가의 의견일 뿐이다. 그러한 점을 감안하면서 우리의 스토리형 꿈을 애초에 불가능하게 만들어야 한다.

홈런을 치려면
처음부터
홈런을 노려야 한다

야구계의 오랜 속설 가운데 '홈런은 안타의 연장이다'라는 말이 있다. 이는 풀스윙보다 안전하게 안타를 노리다 잘 맞으면 홈런도 될 수 있다는 말이다. 하지만 홈런타자들은 이러한 속설에 동조하지 않는다. 그들은 홈런과 안타는 별개이며 홈런을 치려면 처음부터 홈런을 노려야 한다고 말한다.

1983년, 1984년 홈런왕이었던 SK 이만수 감독은 언론과의 인터뷰에서 홈런을 위한 배팅 기술은 따로 있다고 말한다. 그중 두 가지만 짚어본다면 먼저 배팅 포인트가 앞에서 형성되어야 한다. 일반적으로 홈 플레이트의 30~60센티미터 앞쪽 지점에서 타격이 이루어져야 홈런이 잘 터진다는 것이다. 그렇게 해야 배트의 운동력이 극대화되어 공에 힘을 충분히 실을 수 있다. 안타는 공을 끝까지 봐야 칠 수 있는 데 반해 홈런은 공을 끝까지 봐서는 안 되는 것이다.

두 번째 배팅 기술은 자신 있게 풀스윙해야 하며 폴로스루(뒤 매무새)가 길어야 한다는 것이다. 스윙궤도가 짧으면 아무리 잘 맞아도 장타가 되기 어렵기 때문이다. 적당히 맞추는 게 아니라 자신 있는 풀스윙과 함께 폴로스루가 길어야 힘의 분산을 막으며 타구가 멀리까지 날아갈 수 있다.

역대 홈런왕들을 분석해보면 평균적으로 181.3센티미터의 키와 88.7킬로그램의 체중을 지니고 있었다. 이러한 체격은 우리가 상상하는 홈런왕과 다소 거리가 있다. 특히 이만수 감독은 현역 시절 키 175센티미터에 몸무게 78킬로그램에 불과했다. 역대 홈런왕 중 가장 왜소했다.

그럼에도 이 감독은 개인통산 252홈런을 기록하였는데 그 이유는 처음부터 홈런을 치기 위한 별도의 기술을 익혔으며 그에 따라 스윙을 했기 때문이라고 한다. 사람들은 힘이 좋아야 홈런을 많이 칠 것이라 생각하지만 사실은 처음부터 홈런을 노리고 홈런을 위해 별도의 기술을 익히는 것이 중요하다.

경영학에는 '5퍼센트 성장은 불가능해도 30퍼센트 성장은 가능하다'는 격언이 있다. 회사에서 다음 연도의 매출액 목표를 설정할 때 기존보다 '5퍼센트 향상'은 어려워도, '30퍼센트 향상'은 달성해낼 수 있다는 다소 모순적인 격언이다.

5퍼센트 향상은 달성할 수 있어 보이는 반면 30퍼센트 향상은 쉽지 않아 보이는 것이 사실이다. 그러함에도 이러한 격언이 회

자되는 이유는 무엇일까?

첫 번째 이유는 달성하기 어려운 목표를 설정함으로써 구성원들이 더 집중하고 노력하려는 동기를 가질 수 있기 때문이다. 의욕을 가질 만한 어떤 보상이나 자극이 수반된다면 효과는 더 커질 것이다.

두 번째로는 기존의 방식에서 탈피하여 새롭고 획기적인 방안을 모색할 수 있기 때문이다. 작년보다 5퍼센트 향상을 목표로 한다면 사람들은 기존 방식으로 열심히 하려는 경향을 보인다. 달성할 수 있어 보이는 목표에 새로운 방식을 도입할 필요까지는 없어 보이기 때문이다. 반면 30퍼센트 초과 달성은 쉽지 않기 때문에 참신한 시도를 모색해볼 수 있다. 기존에 염두에 두지 않았던 홈쇼핑, 인터넷 쇼핑몰, 블로그, 라디오 광고 등의 판촉 활동을 고려할 수도 있다.

이러한 의미에서 처음부터 홈런을 노리는, 불가능해 보이는 스토리형 꿈을 만들어서 추구해보자. 20년 후의 나에게 어울리는 꿈이 지금의 나에게 불가능해 보이는 것은 한편으로 당연한 일일지도 모른다.

나의 한계를 뛰어넘어 도전정신을 자극하는 불가능해 보이는 스토리형 꿈을 만든다면 꿈을 위해서 더 집중하고 장기적으로 노력하는 삶을 살게 될 것이다. 또한 잠자고 있는 잠재력을 깨우게 될 것이다. 보통의 노력으로도 이룰 수 있는 목표에는 잠재력까지 동원할 필요가 없기 마련이다.

또한 불가능한 꿈을 만든다면 기존의 방식에서 탈피하여 새로운 삶을 위한 시도를 모색해볼 수 있다. 프랜시스 베이컨은 "누구도 해낸 적 없는 성취란 누구도 시도한 적 없는 방법을 통해 가능하다"고 말했다. 불가능해 보이는 꿈을 만듦으로써 틀에 박힌 일상에서 벗어나 도전하는 인생을 살 수 있을 것이다.

어떤 이들은 현실적으로 이룰 수 있는, 안전한 목표를 설정하라고 조언한다. 그러한 조언 때문인지 많은 젊은이들이 '안정적인 직장인'이라는 안전한 꿈만을 추구한다. 삼진의 위험을 줄이기 위해 안전하게 안타를 노리는 것이 합리적일 수 있다. 그러나 안전한 단기적인 목표만을 추구하는 것은 아이러니하게도 모두에게 불행을 가져온다.

안전한 목표를 추구하면서 다수가 기존의 방식을 고수하기 때문에 경쟁은 더 치열해진다. 그 경쟁 때문에 안전했던 목표는 달성하기 점점 어려워진다. 모두 동일한 전략을 구사하기 때문에 쉬워 보이는 목표는 더 어려워지며 생각할 여유는 사라져버린다.

요즘 20대는 취직이라는 안전한 목표를 가짐으로써 학점, 영어 점수, 자격증 취득 등의 '스펙 쌓기'에 몰두한다. 그런데 안전한 목표를 달성하기 더 어려워지면서 결과적으로 여유가 없어지는 희한한 결과가 발생하고 있다.

현실적으로 쉽게 이룰 수 있는 목표란 1미터 높이의 사과와 같다. 쉽게 얻을 수 있을 것만 같다. 하지만 누구든 손댈 수 있기에 다른 사람보다 먼저 달려가야 할 것이다. 아직 사과가 익지 않았다면, 노심초사 기다리며 눈치작전을 벌여야 한다. 경쟁이 치열해지고 여유가 사라질 수밖에 없다.

반면 5미터 높이의 사과는 사람들이 쉽게 발견하지 못한다. 설령 발견하더라도 높이 때문에 딸 엄두를 내지 못한다. 하지만 사다리를 만든다면 불가능한 일도 아니다. 다만 사다리를 만드는 노력을 기울여야 할 것이다.

호텔 왕 콘래드 힐튼은 말한다. "비전이 클수록 경쟁자는 줄어든다. 더 큰 비전을 가져라. 열정이 없으면 권태와 실패가 찾아온다. 더 큰 열정을 가져라. 많이 얻는 것이 아니라 많이 나누어 주는 것이 진정한 성공이다."

불가능한 꿈에 있어서 무엇보다 중요한 요점은 우리의 꿈은 눈앞에 당면한 것이 아니라 20~30년 후를 내다보는 장기적인 스토리형이어야 한다는 것이다. 20년 후 나를 위한 꿈이 지금의 나에게 불가능해 보이는 것은 당연하다. 지금의 나에게 불가능한 스토리형 꿈을 만들고 그 꿈을 향해 적어도 20년간 노력하는 삶을 살기로 결단해보자.

성아의 본래 희망은 금융회사에 취업하는 것이었다. 성아는 인상도 좋고 싹싹하고 야무지며 매사에 열정적이고 성적도 좋았다. 성아 정도면 금융회사에 무난히 취업할 것처럼 보였다.

그러한 성아가 스토리형 꿈을 만들었다. 당연히 금융 분야와 관련한 꿈을 만들 것으로 예상했는데 성아는 의외로 패션 쪽으로 스토리형 꿈을 만들었다. 실은 패션에 대한 관심이 지대하고 흥미가 있단다. 그리고 아무리 생각해도 남의 돈을 관리하는 일이 자신에게는 별 재미가 없다고 말한다.

성아의 새로운 꿈은 '세계적인 패션 편집샵을 설립해서 운영하고 30년 후에는 정치인이 되어 대한민국을 잘사는 나라로 이끄는 것'이다. 성아의 성격만큼이나 당차고 야무진 꿈이다. 성아가 여러 번 설명해주었는데 내가 이해하기로 '편집샵'이란 해외의 옷들이나 소품, 액세서리 등을 편집해 판매하는 곳이다.

성아는 자신의 꿈을 재설정한 후 전격적으로 휴학을 결행했다. 스펙 쌓기를 위한 휴학이 아니라 자신의 꿈을 향한 휴학이었다. 세계적인 패션 편집샵을 만들려면 영어 실력은 필수다. 그래서 새벽에는 영어학원에 다니고 낮에는 옷을 파는 가게에서 아르바이트하면서 패션업계의 동향을 파악하고 종잣돈도 버는 중이다. 조만간 서울로 올라가 본격적으로 패션 일을 배워볼 구상을 하고 있다.

성아의 아버지는 고생을 자처하는 딸이 자못 걱정스럽다. "성아야, 왜 고생을 사서 하니? 은행에 취직해서 편안하게 시집가면 좋지 않겠니? 그러다가 아빠의 식당을 물려받아도 된단다"라며 딸을 말리기도 한다. 아버지는 미술학원을 경영하다가 IMF에 문을 닫고 지금은 작은 식당을 운영하고 있다.

그럼에도 성아는 패션 편집샵에 도전해보고 싶단다. 미술을 전공했던 아버지의 예술적 감각을 물려받은 탓인지 식당 경영에 도통 관심이 없다. 어찌할 방도가 없다.

이토록 확실한 꿈을 가지고 있어도 두려운 마음이 들 때가 있다. 친구들이 학교에 다니면서 취업을 위한 스펙을 쌓고 있는데 혼자만 학교를 벗어난 기분이 들 때이다. '이렇게 다르게 살아도 괜찮은 걸까?', '금융회사에 취업할 가능성도 있을 텐데 지금 잘하는 것일까?'라는 생각이 들면 덜컥 겁이 난다. 어떤 날에는 눈물로 밤을 새우기도 한다.

그때마다 성아는 '내가 원하는 삶을 위해 끝까지 밀어붙여 보자. 다른 사람의 이야기에 휘둘리지 말자. 지금은 외롭고 힘들지만 시간이 흐르면 아침이 밝을 것이다. 분명히 꿈을 이루고 웃을 날이 올 거다'라고 생각하며 마음을 다잡는다.

성아의 미래에서 보장된 것은 없다. 성아가 미래에 패션 편집 샵을 경영할 수 있을지 없을지 역시 알 수 없는 일이다.

나는 노파심에 물어보았다.

"성아야, 혹시 나중에 후회하지는 않겠니?"

성아가 대답했다.

"아니요. 실패하더라도 제 인생의 가장 소중한 시기에 제가 원하는 패션 분야의 일을 몇 년이라도 해본 거잖아요. 맘껏 도전했다면 후회도 없을 것 같아요. 하지만 도전조차 하지 않는다면 정말 후회가 남을 것 같아요."

성아처럼 자신이 원하는 꿈을 찾아 그 꿈을 향해 도전하는 젊은이들이 많아지면 좋겠다. 연봉이 많고, 안정적이라는 이유만으로 안주하기보다 젊은이다운 꿈을 향해 의미 있는 삶을 개척하면 좋겠다. 세상은 성아처럼 도전하는 젊은이들에 의해 발전하는 법이다.

불가능한 스토리형 꿈을 만드는 것은 군중을 떠나 무소의 뿔처럼 돌진하겠다는 결연한 의지를 다지는 것인지도 모른다. 그렇게 꿈을 추구하다 보면 십중팔구 외로워질 수 있다. 꿈을 향한 성아의 외로움과 두려움처럼. 군중에 속한 사람들이 잘 닦인 아스

팔트를 편안하게 가는 것에 반해 꿈을 추구하는 사람들은 인적이 없고 외진 길을 홀로 가야 할지도 모른다. 어떤 의미에서 꿈을 향한 도전은 '내가 왜 이런 고생을 사서 하고 있지?'라는 질문과의 끝없는 사투다.

사회적 틀이 잘 짜인 안정된 사회일수록 사람들의 인생궤도는 어느 정도 정해지는 경향이 있다. 궤도가 정해질수록 거기에서 벗어나기는 힘들어진다. 여러 사람과 어울리면 일단 안심이 되고, 그로 인해 다수가 얻는 유익을 함께 보장받을 것이란 생각이 들기 때문이다. 군중 속에 머물면서 느낄 수 있는 그러한 편안함과 안락함으로 인해 도전 자체를 미루게 되는 것이다.

무소의 뿔처럼 혼자서 간다고 해서 취직도 하지 말고 처음부터 독불장군식으로 도전하라는 뜻은 아니다. 취직하더라도 자신만의 분명한 꿈을 가지고 입사해야 한다. 목적을 향해 노력하며 경력을 관리해야 한다. 겉으로 보기에는 평범할지라도 목적이 분명하다면, 이미 '홀로서기'를 하고 있는 것이다.

쓸데없는 생각 하지 말고 일단 취직하라는 식으로 충고하는 사람들이 간혹 있다. 그렇게 일단 취직해서 결혼하고 애 낳고 집 장만하고 자식 대학 보내는 등 눈앞의 일들에 매여 살기 때문에 맹목적인 인생을 살아가는지도 모른다.

불가능한 꿈을 만들기 위해 매우 효과적인 방법이 있다. 미래이력서를 작성해보는 것이다. 나를 포함한 몇 사람의 미래이력서들을 소개하면 다음과 같다. 미래이력서들이 터무니없게 여겨질 수도 있다. 어쩌면 그것은 당연하다. 미래이력서는 30년 후의 나에게 어울리는 내용이기 때문이다.

성공학의 대가인 이익선은 그 자신이 입지전적인 인물이다.

- 현재 동아대학교 경영학과 교수로 수많은 청춘들의 멘토로 활동하고 있다.
- 존경받는 교육자이자 자선가이다.
- 세계적인 명강의와 수많은 책을 통해 사람들에게 꿈과 희망, 행복을 심어주는 삶을 살고 있다.
- 다수의 텔레비전, 라디오 등에 출연하고 비전 아카데미를 성공적으로 운영하여 사람들이 꿈을 찾도록 돕고 있다.
- 활발한 기부 및 자원 봉사로 수차례 권위 있는 자선가 상을 받았다.
- 청와대 공식 만찬에 매년 초대되는 VIP이다.
- 직접 집필한 여러 권의 책이 베스트셀러로 팔리고 있으며 그의 강연을 담은 오디오 테이프와 DVD 역시 인기가 높다.

| 김○○의 30년 후의 미래이력서 |

김○○는 천연화장품회사 '지온'을 설립하여 세계 각국의 명품과 어깨를 나란히 할 정도로 성장시킨 인물이다. 중학교, 고등학교, 대학교를 설립하여 돈이 없어서 공부하지 못하는 아이들을 지원하고 있으며, 현재 '성공은 없다. 그러나 행복은 있다'라는 주제로 강연하고 있다. 영어는 물론 스페인어, 일본어, 중국어, 독일어 실력 모두 뛰어나다.

| 경력 사항 |

- 대학생 특허 등록, ○○뮤지컬단원(전국순회공연), Life guard 자격증 취득.
- 아프리카어 말하기대회 금상, ○○특허 등록.
- 100분 토론 출현(700회 특집).
- 사내 문화콘텐츠 개발, 문화콘텐츠부서 설립(현재 전 세계 200개 기업이 사용).
- ○○회사 이사로 취임(前 이사), (주)AG문화콘텐츠 설립(前 대표이사).
- AG해외봉사단체 설립(前 단장).
- 『꿈을 정하는 게 가장 쉬웠어요』 외 두 권 집필.
- 아프리카 ○○ 기아대책본부 설립(前 본부장).
- 아프리카 ○○ 초등학교 설립(現 이사장).

| 주요 연혁 |

- 2013년에 동아대학교를 졸업하였으며 2013~2018년 아모레퍼시픽 광고팀에서 근무하였다.
- 2015년 소설책 『태양은 뜬다』를 출간하여 '최단 기간 1천만 부 판매'라는 경이적인 기록을 세웠다.
- 2017년 소설 세 편을 출간하였다.
- 2018년 천연화장품 회사 '지온'을 설립하였다.
- 2025년 지온이 한국 시장 판매율 1위를 기록하고 인생에 관해 집필한 소설이 베스트셀러가 되었다.
- 2028년 아시아 시장 판매율 5위권에 진입했다.
- 2030년 자서전을 출간하고 꿈을 이루어주는 중학교를 설립했다.
- 2035년 지온이 세계 시장 판매율 10위권에 진입했다. 꿈을 이루어주는 고등학교를 설립했다.
- 2040년 지온이 세계 시장을 석권했다. 『타임』이 선정하는 100명의 인물에 선정되었다. 꿈을 이루어주는 대학교를 설립하였다.

미래이력서는 현재 또는 과거형으로 작성되어야 한다. 그렇게 함으로써 현재 최선을 다해 살겠다는 의지를 다질 수 있기 때문이다.

미래이력서를 작성하기 위해 자신이 관심 있는 분야에서 이미 성공한 인물들에 관한 정보를 참조하는 것도 매우 유용한 방법이다. 어떤 분야에서든 유명인의 경력이나 일대기는 인터넷을 통해 쉽게 얻을 수 있다. 그러한 정보들을 활용하여 자신의 미래이력서를 작성해보길 바란다.

| **30년 후 나의 미래이력서** |

미래에
엄청난 부자가
되었다고
상상해보라

조선일보와 한국갤럽은 세계 10개국 5천190명을 대상으로 '돈과 행복의 상관성'에 관해 조사한 결과를 2011년 1월에 발표했다. 한국인은 '돈이 많아야 행복하다'는 항목에 92퍼센트가 동의함으로써 전체 10개국 중에서 1위를 차지했다. 그와 동시에 한국인은 부자를 가장 혐오하는 것으로 나타났다. 부자는 부정부패했거나 부모의 덕을 크게 봤을 것이라고 생각하는 것이다.

어쩌면 돈에 대해 이중적인 가치관을 가진 것이 아닐까? 돈을 많이 벌고 싶으면서 부자를 미워한다는 것은 어딘가 어폐가 있어 보인다. 그러한 생각은 '부자가 되고는 싶지만 나는 부자가 되지 못할 거야'라는 부정적인 선입견 때문에 생기는 것인지도 모른다. 인생에서 돈이 절대적인 가치는 아니지만 돈을 많이 벌 수 없을 거라고 스스로의 가능성을 제한할 필요는 없다.

한국인은 '한해 얼마나 벌면 행복할 것 같은가'라는 질문에 대해 세계에서 가장 적은 금액인 '3천400에서 6천900만 원' 정도라고 답했다. 나머지 9개국은 모두 가장 큰 금액인 '연간 1억 1천400원 이상'을 선택했다.

'3천400에서 6천900만 원'이 적다고 말하는 것이 아니다. 다만 가볍게 응하는 설문에서조차 통 크게 '1억 원 이상 벌고 싶다'라고 답하지 못하는 우리나라 사람들이 안타깝다.

강연에서 청중들에게 향후 자산의 목표액이 얼마인지를 물어보면 구체적으로 얼마라고 답하는 사람이 별로 없다. "돈이 많으면 좋겠지만 구체적으로 생각하지는 않았다"는 식이다.

경제적으로 넉넉하지 않다는 생각은 우리를 꿈꿀 수 없게 막는 주요한 장애물이다. 경제적인 제약에 얽매일지라도 꿈을 만들지 못할 이유는 없다. 지금은 풍요롭지 않더라도 20년 후 역시 그래야 한다고 생각할 필요는 없다. 경제적으로 궁핍할수록 꿈꾸어야 한다. 현실의 장벽에 주저앉을 것이 아니라 미래를 향한 꿈을 가지고 도전해야 한다.

한국전쟁 직후 한국은 세계에서 가장 가난한 나라였다. 앞서 35년간 일제강점기를 겪었으며 1948년 해방된 지 불과 2년도 지나지 않은 1950년부터 3년간의 전쟁으로 나라 전체가 폐허로 변했다.

1953년 1인당 국민소득은 가나와 필리핀이 100달러, 에티오피아가 3천 달러였으나 한국은 단 67달러에 불과했다. 인천상륙

작전을 총지휘했던 국제연합군 최고사령관 맥아더 장군은 "이 나라가 원래의 모습을 찾기 위해서는 족히 100년은 더 걸릴 것이다"라고 말한 바 있다.

그렇지만 한국은 반세기만인 2007년에 1인당 국민소득 2만 달러를 달성했으며 세계 10위권의 경제 대국으로 성장했다. 2010년 1월 1일에는 OECD 산하 개발원조위원회의 스물네 번째 회원국으로 가입했다. 이는 우리나라가 국제사회로부터 원조선진국임을 공식적으로 인정받았음을 의미한다. 원조수혜국에서 원조공여국으로 지위가 바뀐 세계 최초의 사례이다.

한국의 경제 발전을 '한강의 기적'이라 부른다. 그 기적의 시발점은 '우리도 한번 잘살아보세'라는 꿈을 외쳤던 '새마을 운동'일 것이다. 현실의 가난을 핑계로 한국이 잘살아보자는 꿈을 꾸지 않았다면 여전히 가난한 채로 오늘날까지 머물러야 했을 것이다.

가난했던 나라의 '잘 살아보세'라는 꿈은 이제 세계 여러 나라들에 희망을 전하고 있다. 우리나라가 그랬던 것처럼 우리는 가난할수록 더 열심히 꿈꿔야 할 것이다.

구체적으로 20년 뒤에 부자가 될 것으로 상상해보자. 그리고 그때 자신이 어떤 일을 하고 싶을지, 어떤 일이 어울릴지를 생각해보자.

미래에 자신이 축적하고 싶은 자산을 구체적으로 정해보자. 이왕이면 통 크게 말이다. '20년 후에 100억 또는 1천억을 모은다'와 같이 장기적이면서도 큰 금액으로 정해보자. 꿈을 만드는 것에는 전혀 비용이 들지 않는다. 그렇게 큰 금액을 설정하고 고민하다 보면 평소에는 생각지도 못했던 적극적인 아이디어들이 떠오를 수 있다. 새로운 직업, 사업 등의 필요성과 아이디어들이 떠오를 수도 있다.

언젠가 사업을 하고 싶다고 말하면서 지금은 돈이 없어서 아무것도 할 수 없다고 잘라 말하는 사람들이 있다. 이들은 충분한 돈이 있어야만 사업을 준비할 수 있다는 선입견을 품고 있다. 그러한 생각 때문에 충분한 돈이 없는 지금은 어떤 것도 준비할 수 없다는 것이다. 다음 페이지의 그림 A에서와 같이 충분한 돈을 확보한 다음 준비를 시작한다면 사업은 그 준비 시간만큼 지연된다.

정말 사업을 하길 원한다면 돈이 없더라도 당장 준비해야 한다. 사업과 관련한 공부를 하든지 자격증을 취득하든지 시장 조사를 하는 등의 준비를 시작해야 한다. 그림 B에서처럼 자본이 확보되면 바로 사업을 시작할 수 있을 것이다.

사실 돈이 없어서 사업을 준비할 수 없다고 말하는 것은 아이디어와 의지가 없어서 시작하지 못한다는 의미다. 아이디어가 확실하다면 사람들의 투자를 얻어낼 수도 있다.

현재 나의 경제력에 합당한 꿈을 꾸어야 한다면, 상상의 나래를 펼치기 어려울 수밖에 없다. 20년 후의 내가 경제적으로 풍요로울 것이라 상상하면서 꿈을 만들어보자. 그렇게 꿈을 만들고 그 꿈을 향해 지금부터 노력하면 된다.

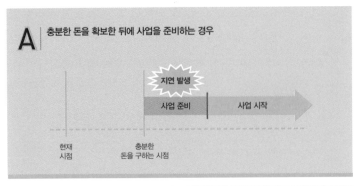

A ┃ 충분한 돈을 확보한 뒤에 사업을 준비하는 경우

지연 발생

사업 준비 | 사업 시작

현재
시점

충분한
돈을 구하는 시점

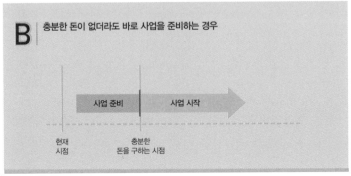

B ┃ 충분한 돈이 없더라도 바로 사업을 준비하는 경우

사업 준비 | 사업 시작

현재
시점

충분한
돈을 구하는 시점

　번화가에 크고 멋진 빌딩을 소유하고 있다고 상상해보자. 이
빌딩으로부터 임대수익이 발생하는데 매달 1억 원의 돈이 정기
적으로 통장에 들어온다고 생각해보자. 이 금액은 생각하기에 따
라서 늘릴 수 있다.

　이처럼 경제적으로 풍족하다면 어떤 일에 도전하고 싶은가?
혹시 충분한 수입이 생긴다고 해서 놀고먹겠다는 생각은 지양하
길 바란다. 로또와 같은 일확천금에 당첨되더라도 그런 생각을

지녔다면 불행해질 가능성이 크다. 나를 발전시키고 노력하며 살아가기 위한 건설적인 꿈을 만들어보길 바란다.

구체적인 인물을 떠올려보는 것도 좋은 방법이다. 예를 들어 앞에서 이미 소개한 바 있는데 '빌 게이츠나 워런 버핏 정도의 세계적인 갑부라면 어떤 꿈이 어울릴까?'를 상상하는 것이다.

1956년 워런 버핏이 주식 세계에 처음 발을 내디뎠을 때 그의 수중에는 100달러가 전부였다. 하지만 3년 뒤 100만 달러가 되었고 10년 뒤 천만 달러, 30년 뒤에는 14억 달러가 되었다.

고향 오마하를 거의 떠나지 않지만 주식시장의 흐름을 꿰뚫는다고 해서 오마하의 현인으로 불리는 워런 버핏은 이렇게 말했다. "어렸을 때부터 내 마음속에는 세계 제일의 부자가 된 나의 모습이 선명하게 자리 잡고 있었다. 나는 내가 거부가 되리라는 사실을 단 한 순간도 의심해본 적이 없었다."

미래에 부자가 되리라 믿고 그에 어울리는 꿈을 만들어보자. 이는 여러 방면으로 응용될 수 있다. 예를 들어, 가족을 돌보아야 하는 상황이라면 '가족을 부양해야 하니까 딴생각하지 말자'며 꿈꾸기를 미룰 것이 아니라 '가족 부양이라는 책임에서 벗어난다면 나는 무엇을 하고 싶을까?'를 생각하면서 꿈을 만들어보자. 그렇게 꿈을 만들고, 그 꿈을 향해 지금부터 할 수 있는 일을 준비하자.

20년 후에 매달 1억 원이 정기적으로 들어온다면 어떤 일에
도전하고 싶은가?

자신이
행운아임을 믿고
그에 걸맞은
꿈을 꾸라

MBC 「무한도전」에 출연하는 방송인 노홍철은 "나는야 럭키가이"라는 말을 입버릇처럼 달고 다닌다. 그래서인지 그에게는 행운이 따르는 것 같다. 불확실하고 긴박한 상황 속에서도 종종 노홍철에게 유리한 방향으로 흘러가는 경우가 많기 때문이다. 행운의 여신이 노홍철에게 미소를 지어주는지는 알 수 없지만 스스로를 럭키가이라고 믿는 것은 대단히 바람직한 삶의 자세이다.

자신을 행운아라고 여기는 사람은 처음 만난 사람에게도 적극적으로 웃으며 다가갈 수 있다. 처음 접하는 어려운 일에도 과감히 도전할 수 있으며 예기치 못했던 상황에도 여유를 잃지 않고 집중할 수 있다.

이쯤 되면 행운은 우연이 아니라 실력의 문제로 보아야 한다. 행운도 엄연한 '실력'이다. 행운은 아무에게나 따르는 것이 아니다. 올바른 태도와 정신을 갖춘 사람에게 따르며 그때 행운이 성과로 이어질 수 있다.

GE 코리아 이채욱 회장은 인재를 채용할 때 "당신은 행운아입니까? 운이 좋은 편인가요?"라고 묻는다. 스스로를 행운아라고 답하는 사람에게 후한 점수를 주기 위함이다. 노력 없이 요행만 바라는 사람을 우대한다는 뜻은 아니다. 최선을 다하는 동시에 스스로를 행운아라고 생각하는 사람을 선호한다는 것이다. 스스로를 행운아라고 믿는 사람은 최선을 다한 후 결과가 좋았다면, 감사하는 마음으로 그것을 행운이라고 말하기 때문이다.

반면 스스로 불운하다고 여기는 사람은 노력해도 헛수고라는 부정적인 인식을 하고 있을 가능성이 농후하다. 늘 불운하기 때문에 어차피 노력해도 자신은 안 될 거라고 생각한다. 당연히 지속적으로 노력하기 어렵다.

행운아 마인드는 일견 사소해 보이지만 실은 매우 의미 있는 사고방식이다. 삶에서 항상 좋은 일만 생길 수는 없다. 좋을 때도 있고 나쁠 때도 있다. 그런데 자신이 불운하다고 생각하는 사람은 결과가 나쁠 때 잘못을 인정하기보다 운을 탓할 가능성이 크다. 불운의 탓으로 책임을 전가하는 것이다.

그러나 행운아 마인드는 자신의 과오를 돌아보고 반성할 수 있도록 도와준다. 자신이 행운아가 틀림없음에도 실패했다면 자신의 방법이 틀렸거나 노력이 부족했던 것으로 생각할 수 있다. 즉 긍정적으로 사고하며 실패에 따른 자신의 잘못도 인정할 수 있다.

결과가 좋으면 운이 좋아서이고, 나쁘면 불운을 탓하는 것은 바람직한 태도가 아니다. 이러한 생각 역시 자신의 노력을 하찮게 만들어버리는 과오를 저지르게 한다.

결과가 좋든 나쁘든 초지일관 행운아라고 믿자. 결과가 나빴다면 그나마 다행이라 생각하고 자신을 돌보며, 그렇게 뼛속부터 행운아라고 믿자.

스스로를 행운아라고 믿고 말해보자. 삶의 목적과 꿈을 만들어가는 과정에도 행운이 나를 따를 것이라고 믿어보자. 그리고 장밋빛 인생이 기다리리라 상상해보자.

개그우먼 조혜련은 2009년에 『조혜련의 미래일기』라는 책을 출간했다. 미래일기란 자신의 미래를 긍정적으로 상상하며 꿈이 이미 이루어졌다는 전제하에 미리 일기를 써보는 것이다. 미래의 꿈들을 마치 오늘 실현된 것처럼 구체적이고도 생생하게 묘사하는 것이 미래일기의 핵심이다.

조혜련의 미래일기가 모두 이루어진다고 보장할 수는 없다. 그럼에도 미래일기를 써보는 행위 자체가 말할 수 없이 큰 동기를 부여해준다. 미래일기가 꿈을 향한 자신의 의지를 일깨워주기 때문이다. 그러한 의미로 각자의 미래일기를 한번 작성해보길 바란다.

20년 후 자신의 미래일기를 써보라.

(오늘의 날씨, 생각, 기분, 주변의 경관, 일정, 만났던 사람들, 나누었던 대화, 장소, 식사, 교통수단, 취미 등의 내용을 일기 형식으로 써보라.)

전지전능한
절대주권자가
꿈을
이루어줄 것이다

부산 해운대에는 '수영로교회'라는 특이한 이름의 교회가 있다. 1975년도에 세워진 이 교회는 원래 그 이름처럼 부산 수영로 로터리에 있었다. 그러다 IMF 때 기존보다 몇 배나 큰 규모의 새로운 성전을 신축하여 해운대 지역으로 이사했다. 그 후 신도의 수는 가히 폭발적으로 증가하여 지금은 명실공히 부산에서 가장 큰 교회가 되었다.

수영로교회가 IMF 때 새로운 성전을 건축한 것은 결과가 좋았기에 망정이지 냉정히 따져보면 매우 위험천만한 선택이었다. IMF와 같은 불황에는 모두가 긴축을 생각한다. 확장을 자제하고 안전하게 재정을 운영함으로써 존립을 유지하는 것이다. 자칫하다가는 망할 수 있다.

하지만 지나고 보니 새로운 성전 건축은 정말 탁월한 결정이었다. IMF라는 유래를 찾기 어려운 불황을 겪었기에 넓은 대지를 헐값에 살 수 있었다. 땅 주인들이 제 발로 교회에 찾아와서 땅을 사달라고 통사정을 했다. 관청의 허가라든지 땅 주인들의 지분 정리, 건설회사와의 협상 등의 절차도 일사천리로 진행되었다. 그만큼 지역경제가 불황이었기 때문이다.

당시의 해운대 일대는 완전 허허벌판이었다. 그 허허벌판이 지금처럼 번화할 줄 누가 알았단 말인가? 또한 우리나라가 IMF를 불과 3년 8개월 만에 극복해버릴 줄 어떻게 알았을까? 그러한 불황에 더 큰 규모의 성전을 신축하는 것은 아무나 내릴 수 있는 결정이 아니다. 어떤 의미에서는 역발상인데, 이러한 역발상의 주인공은 수영로교회의 설립자 정필도 목사님이다.

정 목사님에게 그러한 역발상이 가능했던 이유는 절대주권자에 대한 절대적인 믿음 때문이었다. 정 목사님은 입버릇처럼 말한다.

"지금의 수영로교회는 젊은 시절 내가 꿈꾸고 기도하던 모습 그대로입니다. 그래서 저는 가끔 후회합니다. 왜 젊은 시절에 더 큰 꿈을 꾸지 않았을까? 그랬다면 더 세계적인 일들을 하도록 하나님께서 축복해주셨을 텐데……. 상상 이상으로 큰 꿈, 더 대단한 꿈을 만들고 기도하십시오. 하나님께서 이루어주실 것을 믿고 기도하십시오."

예상을 뛰어넘는 어떤 일이 발생하면 우리는 그것을 기적이라 부른다. 예를 들어 두 살 된 아기가 글을 읽거나 구구단을 척

척 외운다고 하자. 또는 수술 없이도 암이 사라지거나 의외의 뭉칫돈이 들어온다고 하자. 인간이 봤을 때는 분명히 기적이다. 하지만 전지전능한 절대주권자에게는 어렵지 않은 일이다. 절대주권자가 꿈을 이루어주리라 믿고 기적에 가까운 꿈을 만들어보자. 절대주권자는 이야기 속 산신령이나 램프요정 지니라고 생각해도 무방하다.

절대주권자가 꿈을 이루어줄 것을 상상할 수 있는 좀 더 구체적인 방법을 소개해보겠다.

어느 화창한 날 전지전능한 절대주권자가 나타나서 여러분에게 종이 한 장을 내밀었다고 하자. 그가 그 종이에 20년 후에 무엇이 되어 어떤 일을 하고 싶은지를 써보라고 말한다. 무엇을 쓰든 이루어주겠다는 것이다. 정치인, 대학교수, CEO, 세계적인 음악가, 베스트셀러 작가 등 어떤 내용을 쓰든지 제약이 없단다.

절대주권자가 꿈을 이루어주겠다고 약속한다면 두려워할 이유가 어디 있겠는가? 이왕이면 더 멋지고 대단한 꿈을 만드는 것이 당연한 이치 아닌가? 그렇다면 생각할 수 있는 최상의 것을 써야 할 것이다. 다만 그 꿈은 지금이 아니라 20년 후에 이루어진다는 것을 명심해야 한다.

또한 구체적인 내용으로 써야 할 것이다. '안정된 직장', '가족의 행복'과 같이 추상적인 내용은 들어줄 수 없다. 무엇보다 그렇게 만든 꿈을 향해 최선을 다해 삶을 의미 있게 살아가야 한다. 그러한 생각으로 다음의 빈칸을 채워보자.

절대주권자가 반드시 이루어줄 테니 20년 후에 어떤 사람이 되어 어떤 일을 하고 싶은지 묻는다면 무엇이라 답하겠는가?

빈 종이에 무언가를 적는 일이 막막하다면 다음 페이지에서 소개하는 토너먼트 기법을 활용하는 것도 좋다.

절대주권자가 보여주는 네 장의 카드를 토너먼트 형식으로 서로 비교해가면서 '최종카드'를 선정하는 것이다. 토너먼트 결과로 얻어지는 최종카드의 내용이 당신이 진정으로 원하는 그것이다. 그것을 꿈으로 생각하면 된다.

다음 페이지 그림의 맨아래 칸에 자신이 진정으로 바라고 원하는 내용을 네 가지로 압축해서 적어보자. 그런 다음 더 간절하게 원하는 것 두 가지로, 최종적으로 한 가지로 압축해보자. 마지막으로 남은 내용은 무엇인가? 이를 통해 자신이 정말 원하는 것이 무엇인지 정확하게 알게 될 것이다.

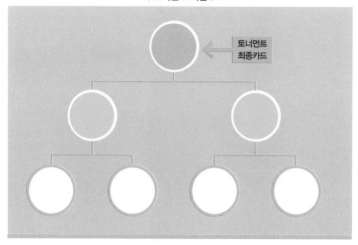

자신이 '원하는' 진로를 찾기 막막해하는 학생들이 상담을 요청하는 경우가 간혹 있다. 그때마다 나는 이 토너먼트 기법을 활용하여 스스로가 원하는 진로를 찾도록 도와주곤 한다. 이 기법을 활용하면 자신이 원하는 바를 확인해볼 수 있다.

다음 페이지의 그림은 내가 한 사람을 상담하면서 작성했던 토너먼트 그림이다.

동그라미들의 내용은 상담을 요청했던 이가 직접 써넣은 것이다. 토너먼트 기법의 적용 결과, 이 사람은 20년 후에 '공연기획자'가 되기를 가장 원하고 있다. 대학교수도 되고 싶은 마음도 있으므로 나는 이왕이면 공연기획자를 하면서 대학교수를 겸직하는 꿈을 가지도록 조언해주었다. 요즘엔 연예인을 비롯한 예술인

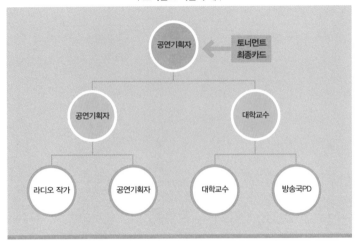

| 토너먼트 기법의 예 |

공연기획자 ← 토너먼트 최종카드

공연기획자   대학교수

라디오 작가   공연기획자   대학교수   방송국PD

들, 전문직 종사자들이 대학교수를 겸직하는 경우가 많다. 20년 후에 그가 되지 못하라는 법은 어디에도 없다.

혹시 네 장의 카드가 부족하다면 카드의 수를 늘리면 된다. 여덟 장으로 구성된 토너먼트 기법을 활용할 수도 있다. 다음 장의 그림은 나의 상상으로 만들어본 것이다. 카드의 내용은 원하는 대로 얼마든지 바꿔 넣을 수 있다.

토너먼트 기법에서 활용되는 카드의 수는 중요한 것이 아니다. 절대주권자가 네 장, 여덟 장이 아니라 100장의 카드들을 내밀지라도 얼마든지 선별해나갈 수 있다. 반대로 한 장의 카드만 주어지더라도 내가 가장 원하는 카드를 내밀어 준다면 주저 없이 그 카드를 선택하면 된다.

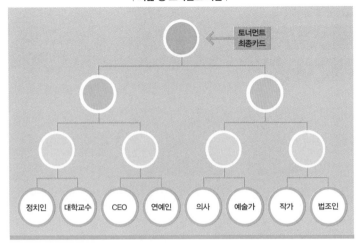

| 여덟 장 토너먼트 기법 |

토너먼트
최종카드

정치인　대학교수　CEO　연예인　의사　예술가　작가　법조인

　　여러 장의 카드가 비교의 대상이 되더라도 결국 한 장의 최종
카드를 선택해야 한다. 그 최종카드를 절대주권자가 이루어줄 것
으로 믿고 노력하는 삶을 살면 된다. 행운이 따라줄 것이라는 생
각은 다소 추상적인 데 반해 절대주권자의 존재는 좀 더 구체적
인 상상을 가능하게 만들어줄 것이다.

꿈에도
창의성이
필요하다

사람들과 대화하는 도중에 어쩌다 꿈꾸는 방법을 알려주는 책을 준비하고 있다고 말하면 대부분 눈이 동그래지며 매우 궁금해한다. 어떤 이는 이렇게 묻기도 한다. "어떻게 그런 창의적인 생각을 하셨어요?"

글쎄, 나는 어떻게 그런 생각을 했을까? 딱히 그 이유가 떠오르지는 않는다. 하지만 한 가지 분명한 사실은 꿈에도 어느 정도 구체성과 창의성이 필요하다는 것이다.

우리가 만든 스토리형 꿈은 논리적인 비약을 포함하고 있을 확률이 높다. 예를 들어 '5년 후에 좋은 직장에 취직한다. 20년 후에 자신의 사업을 시작하여 성공한다. 30년 후에는 책을 쓴다'는 내용으로 스토리형 꿈을 만들었다고 가정해보자. 여기서 '좋은 직장'이나 '자신의 사업', '책 집필'은 논리적인 비약이다.

이러한 문제점을 해결하기 위한 방편으로 구체성과 창의성을 발휘해야 한다. 예를 들어 성공적으로 창업하려면 아이템 선정이나 사업 방식에서 세세하고도 창의적인 아이디어가 필요하다. 책을 쓴다 해도 평범한 주제나 소재로서는 성공을 장담하기 어려울 수밖에 없다.

창의적인 꿈을 만들기 위해, 다시 말해 창의성을 기르기 위해서는 책을 많이 읽어야 한다. 기발하고 창의적으로 꿈꾸기 위해서는 생각이 깊어져야 하기 때문이다. 생각의 깊이를 더하기 위해서는 독서 이외에 특별한 방법이 없는 것 같다.

훌륭한 책일수록 지은이의 심오한 사상과 철학이 담겨 있기 마련이다. 인생 선배의 비범한 지혜를 이해하려고 노력하는 것, 그것이 생각을 깊어지게 만드는 거의 유일한 길인 것 같다.

어느 분야에서든 성공한 사람들은 거의 예외 없는 독서광이다. 독서를 통해 평생 두뇌를 계발해가는 사람들이 창의적으로 꿈꿀 수 있으며 꿈을 향해서도 창의적으로 노력할 수 있다.

세계적인 베스트셀러 『시크릿 실천편』을 집필한 존 디마티니 박사는 훌륭한 인물들의 목록을 만들고 그들의 작품과 전기를 읽는 것을 취미로 삼았다고 한다. "접착제 용기에 손을 넣으면 그 접착제가 손에 묻지 않을 수가 없다. 위대한 대가들의 작품들에 정신과 마음을 몰두하다 보면 뭔가가 묻어 나오게 되어 있다. 그러한 독서가 내게 엄청난 힘이 되었다."

디마티니 박사는 고등학교를 중퇴하고 거리에서 구걸하며 살았다. 19세에 스트리크닌 중독으로 죽을 뻔한 뒤 도전하는 삶을 살아보자고 결심하고 척추지압요법사로 일했다. 그러면서 끊임없는 독서를 통해 다양한 학문을 섭렵했고 40여 권의 책을 집필했다.

민들레영토를 설립한 지승룡 소장은 이혼과 실직의 아픔을 겪은 뒤 2년 동안 도서관에서 2천 권이 넘는 책을 읽었다. 그러한 독서를 통해 말할 수 없이 생각이 깊어졌으리라. 민들레영토는 그러한 생각의 깊이에서 탄생했다.

보통의 카페가 커피를 판매한다면 민들레영토는 공간을 판매한다. 즉 커피는 무료로 제공하고 대신에 입장료를 받는 것이다. 이렇듯 기발하고 참신한 아이디어 덕분에 이 카페는 젊은이들의 스터디모임, 회의, 토론, 회합 등을 위한 명소로 주목받고 있다.

독서와 관련해서 몇 가지 당부할 내용이 있다. 먼저 꿈과 관련한 자기계발 서적들을 읽으라. 학교나 학원에서는 꿈에 대해 알려주지 않기 때문에 스스로가 꿈에 관한 책을 읽고 공부할 필요가 있다. 우리의 스토리형 꿈은 새로운 경험, 지식, 영감을 얻을 때마다 더 발전적인 모습으로 성장해나갈 수 있다. 그러한 뜻을 가지고 꿈과 관련한 서적들을 읽는다면 우리의 꿈을 좀 더 창의적으로 만들 수 있다.

창의적인 꿈을 만들기 위한 독서라면 두뇌에 자극을 줄 수 있는 책을 읽는 것이 좋다. 그런 의미에서 흥미 위주의 무협지나 연애소설류에 국한된 독서는 될 수 있는 대로 지양하길 바란다. 대신 성공한 위인들의 이야기를 담은 책들을 읽으라. 어려운 환경에도 자신만의 꿈을 가지고 도전해서 성공한 위인들의 삶을 통해 꿈에 대한 영감을 얻을 수 있다. 그러한 성공스토리를 접하다 보면 모르는 사이에 노력하고 있는 자신을 발견하게 될 것이다.

군이 딱딱한 책상에 앉아서 책을 읽어야 하는 것은 아니다. 화장실이나 출퇴근 지하철, 은행, 식당 등에서의 대기 시간을 활용해보자. 자투리 시간을 짬짬이 모으면 일주일에 최소 예닐곱 시간은 확보할 수 있다. 마음먹기에 따라 주말에는 더 많은 시간을 확보할 수 있다. 그러한 시간을 모은다면 매주 한 권씩 읽을 수 있다.

매주 한 권씩 독서를 생활화한다면, 사고가 더욱 깊어지고 두뇌는 급속히 계발될 것이다. 어떤 사안이든지 남다른 생각을 할 수 있으며 자신만의 의견을 분명하게 말할 수 있다. 이러한 변화를 본인이 먼저 느끼고 놀라게 될 것이다.

책을 통해 다양한 희로애락의 감정 즉 분노, 슬픔, 웃음, 감동, 카타르시스 등을 경험할 수 있다. 이러한 독서의 묘미에 눈뜬다면 텔레비전에 대한 흥미는 자연히 감소할 수밖에 없다.

책을 읽은 다음에 '좋은 내용이었구나'라고 생각하고 덮어버리면 남는 것이 별로 없다. 그래서 책에 대한 기록을 남겨놓을 필요가 있다. 나는 엑셀 파일을 활용해 읽은 책들을 기록하고 있다. 기록을 남길 때는 이것이 또 다른 부담이 되지 않도록 주의해야 한다. 기록이 부담스럽다면 독서에 대한 흥미가 반감될 수밖에

나의 도서 목록					
번호	분야	책 제목	지은이	점수(5점)	주요 내용
1	경제/경영	혼창통	이지훈	4.0	세계 초일류 CEO들을 인터뷰한 경험으로부터 얻은 키워드 '혼·창·통'에 대한 설명
2	경제/경영	오리진이 되라	강신장	4.0	새로운 아이디어를 만들어내는 데 도움이 될 만한 '생각하는 방법' 소개
3	자기계발	Passion 백만 불짜리 열정	이채욱	4.0	GE 코리아 이채욱 회장의 성공스토리
4	자기계발	서른 살, 꿈에 미쳐라	명재신	4.0	토종 한국인 여성이 30세에 회사를 그만두고 꿈을 따라 미국으로 떠난 이야기
5	자기계발	멈추지 마, 다시 꿈부터 써봐	김수영	4.0	꿈을 향해 영국으로 떠나 세계를 무대로 살고 있는 한 여성의 희망, 꿈에 관한 이야기

없다. 기록하는 시간은 대략 5분을 넘기지 않도록 하자.

내가 활용하는 정리하는 방식을 소개하면 위와 같다. 이렇게 간단한 양식을 활용함으로써 부담을 줄이고 흥미를 유지할 수 있을 것이다.

읽은 책 중 자신에게 유익한 책은 더 상세하게 정리하는 것이 좋다. 그러한 정리의 일환으로 개인 블로그나 소셜네트워크에 '서평'이나 '추천도서' 디렉터리를 만들어 정리해보길 바란다. 이는 생각을 정리하는 동시에 사람들과 소통할 수 있는 매우 훌륭한 통로가 되어줄 것이다. 방문자들과의 의견 교환을 통해 의외의 정보를 얻는 경우도 빈번하다.

나는 내가 운영하는 인터넷카페(http://cafe.daum.net/donga-biz)에

'추천도서 이야기'라는 디렉터리를 만들어 유익한 책들을 정리해오고 있다. 사람들과 공유하기 위해 정리하고 있지만 솔직히 이러한 정리는 나에게 가장 큰 유익이 된다.

남을 도와주는
꿈을 꾸라

꿈꾸는
기술 6

자신의
미래장례식을
그려보라

『영혼을 위한 닭고기 스프』에는 '인생을 다시 산다면'이라는 작자 미상의 시가 등장한다. 음미할수록 깊은 여운이 남는 시이다. 그 일부를 소개한다.

인생을 다시 산다면

다음번에는 더 많은 실수를 저지르리라.
긴장을 풀고 몸을 부드럽게 하리라.
이번 인생보다 좀 더 우둔해지리라.
가능한 한 매사를 심각하게 생각하지 않을 것이며
더 많은 기회를 붙잡으리라.

여행을 더 많이 다니고 석양을 더 자주 구경하리라.
산에도 더 자주 가고 강물에서 수영도 많이 하리라.
아이스크림은 많이 먹되 콩 요리는 덜 먹으리라.

실제적인 고통은 많이 겪을 것이나
상상 속의 고통은 가능한 한 피하리라.

보라, 나는 시간시간을, 하루하루를
의미 있고 분별 있게 살아가는 사람의 일원이 되리라.

　향토 주류기업에서 근무하는 재효 씨는 중학교 2학년 때 아버지를 여의었다. 사춘기 시절에 말할 수 없이 큰 충격을 받았음에도 그는 '어머니와 누나가 불안해지지 않도록 남자인 내가 열심히 살아야겠다'는 기특한 다짐을 했다. 아버지의 죽음이 책임감을 갖게 하는 계기가 되어준 것이다.

　그즈음 재효 씨는 '죽음'에 대해 심각하게 고민하면서 생각했다. '사람은 죽으면 끝이구나. 나도 죽으면 잊히겠구나. 그렇다면 이왕 사는 거, 더 의미 있게 살아보자.' 참으로 훌륭한 생각이 아닐 수 없다.

　재효 씨의 꿈은 '전문적인 지식을 가지고 사람들을 도와주는 삶을 사는 것'이다. 구체적으로 현재 다니고 있는 회사의 사장이 되길 원한다. 개인적으로 술의 긍정적인 면을 사람들에게 알리고 술을 올바르게 마시는 문화운동을 벌이고 싶다. 힘든 환경에서도 자신을 발전시키기 위한 노력을 포기하지 않는 재효 씨라면 꿈에 어울리는 삶을 살아갈 것이라 기대해본다.

　한 정책연구소에 근무하고 있는 현령 씨는 자신의 죽음을 종종 상상한다. 인생을 보람차게 잘 살았노라고 스스로가 만족스러

위하는 모습을 긍정적으로 상상하는 것이다. 그는 사람들의 따뜻한 배웅 속에서 세상을 떠나길 원한다. 그러한 마지막을 위해 현재의 삶을 더 의미 있게, 열심히 살려고 노력하고 있다.

그의 꿈은 '50대에 인간경영연구소를 세워 사람들의 삶에 실질적인 도움을 주는 것'이다. 현재 5년 단위의 스토리형 꿈을 만들어 노력하고 있다. 가족의 사랑에 보답하고 불쌍한 사람들을 도와주길 원한다. 그녀로 인해 지구가 단 1도라도 더 따뜻해지면 좋겠단다.

세계적인 에너지기업 로열더치쉘에서 카테고리매니저로 근무하는 김수영 씨는 죽음의 문턱에서 꿈을 만들었다. 실업계 고등학교에 재학하던 시절, 그녀는 「도전! 골든벨」이라는 텔레비전 프로그램에서 골든벨을 울렸다. 이후 악착같이 공부해 연세대 영문학과에 입학했으며 세계적인 투자은행 골드만삭스 한국지사에 입사했다.

그러던 어느 날 그녀의 갑상선에서 암세포가 발견되었다.

생이 끝날지도 모르는 위기 속에서 그녀는 더 큰 세계를 경험해보고 싶다는 꿈을 안고 구체적으로 일흔세 가지의 꿈을 적었다. 암 제거 수술이 성공적으로 마무리되자 그 꿈을 따라 모두가 부러워하던 회사를 그만두고 영국으로 유학을 떠났다. 현재까지 그녀는 자신이 썼던 꿈들의 절반 이상을 이루었으며 남은 꿈들을 이루기 위해 지속적으로 항해하고 있다.

그녀는 말한다. "내 삶은 시행착오와 실패의 연속이었다. 하지

만 무수한 실패와 좌절 속에서도 포기하지 않도록 나를 일으켜
준 것은 꿈이었다. 꿈이 있을 때 나는 비참하리 만큼 힘겨웠던 절
망의 순간을 넘어 기적을 이루어냈다. 반면 꿈이 없었을 때는 세
상 모든 것을 가지고도 힘없이 무너졌다."

2009년 김수환 추기경이 선종하자 전 국민적인 애도로 장례
가 진행되었다. 나는 그분의 장례 과정에서 놀라운 광경을 목격
했다. 그것은 전국에서 몰려온 수많은 사람이 가슴에서 우러나오
는 눈물과 추모를 보내는 모습이었다.

김수환 추기경의 선종에 사람들이 그토록 애도하는 이유는 무
엇일까? 그것은 그분이 평생토록 다른 사람들을 위한 삶을 살았
기 때문일 것이다. 자신의 유익보다 다른 사람들을 돌아보는 삶
을 살았기 때문일 것이다. 그랬기에 그분의 돌아가시는 모습이
그토록 감동적이었으리라.

그러한 의미에서 자신의 미래장례식을 상상해보자. 죽은 이후
에 사람들이 나를 어떻게 기억해주면 좋겠는지를 상상해보는 것
이다.

다음 페이지의 빈칸에 자신의 미래장례식에 관해 기록해보자.
미래장례식은 언제이며 주변의 풍경은 어떠한지, 자식과 손주들
은 몇이나 되는지, 가족들과 조문객들의 반응은 어떠한지 등을
상상하여 구체적으로 작성해보자.

• 장례식 일시 :

• 장례식장의 주변 풍경 :

• 가족, 친지들의 근황 및 모습 :

• 찾아온 조문객들의 근황 및 모습 :

• 살아생전 업적:

미래 장례식을 상상하는 동시에 나의 사망 기사를 미리 작성해보는 것도 좋은 방법이다. 대한민국의 유력 일간지와 방송에서 나의 사망 소식을 전하면서 일생의 행적을 소개한다고 상상하며 작성해보자. 단, 건설적이면서 긍정적인 내용으로 작성해야 한다.

나의 사망 소식을 전하는 언론사의 보도내용을 작성해보라.

하늘은
남을 돕는 자를
돕는다

성원이가 나를 찾아온 것은 2009년이었다. 내가 담당하던 1학년 강의에서 자신이 후배들을 위해 강연을 할 수 있도록 허락을 구하기 위해서였다. 강연의 주제는 '대학생활 잘하는 법'이었다.

나는 그의 제안을 흔쾌히 수락했다. 누구도 시키지 않았는데 자발적으로 찾아온 것부터가 기특했으며 신입생들에게도 선배의 진솔한 이야기가 가장 큰 도움이 되리라 생각했기 때문이다.

성원이는 여러 면에서 충실히 준비해서 강연을 했다. 성원이의 강연에 후배들의 반응은 뜨거웠다. 성원이의 강연을 한마디로 요약해보면 대학생활 동안 여러 사람과 친분을 쌓고 대외활동을 다양하게 시도해보라는 것이다. 성원이는 후배들에게 대외활동에 관한 갖가지 정보들을 충실히 전달해주었다. 그때부터 성원이는 4학년이 된 올해까지 매년 신입생들을 위한 강연을 하고 있다.

자신의 강연 내용처럼 성원이는 대학 4년 동안 사람들을 사귀는 데 많은 정성을 들여왔다. 학교 내에서는 토론동아리의 핵심 멤버로 활동했으며 YLC(Young Leaders Club)이라는 전국 단위의 대학생 연합동아리에서는 부산·경남 지부장을 역임하기도 했다.

과연 성원이는 모두가 부러워하는 넓은 인맥을 가진, 한마디로 마당발이었다. 그러한 친분을 바탕으로 성원이는 다양한 외부활동들을 실행해오고 있다. 한번은 서너 명의 친구들과 팀을 이뤄 공모전에 도전하여 금연서포터즈 활동으로 '보건복지부 장관상'을 받았고, 최근에는 부산발전연구원에서 주최하는 공모전에서 장려상을 받았다.

2011년 9월에 개최된 '제1회 유니브엑스포부산'에서는 대외협력팀장의 역할을 맡았다. 유니브엑스포부산은 대학생들에게 국내외 자원봉사, 해외여행 프로그램, 연합동아리 등을 소개하는 정보 박람회로 발족하였다. 이러한 박람회에서 대외협력팀장이라는 중책을 맡은 것은 그 자체로 자랑스러운 일이다. 성원이가 쌓아온 사람들과의 친분 덕에 가능한 일일 것이다.

한편 성원이의 대학생활 잘하는 법 강연은 동아리 후배들의 요청에 의해 시작된 것이다. 어느 날 동아리 후배들이 성원이에게 "형처럼 대학생활을 잘하려면 어떡해야 해요? 좀 가르쳐주세요"라고 요청해왔다.

성원이는 그러한 부탁을 대충 넘기지 않고 30여 장의 발표 자료를 만들어 정식으로 한 시간짜리 강연을 해주었다. 그렇게 시작한 강연은 제법 여러 대학의 동아리들로부터 초청을 받고 있다.

성원이의 말이다. "제가 1학년이었을 때는 대학생활에 대해 어떤 설명도 들어본 적이 없는 것 같아요. 그래서 좌충우돌하고 많이 힘들었죠. 이 강연은 후배들이 저처럼 방황하지 않았으면 하는 마음에 시작하게 되었어요. 그런데 사실 제게도 도움이 돼요. 강연을 하다 보면 나 자신이 먼저 열심히 살려고 노력하게 되거든요."

성원이는 강연을 하는 중에 자신의 꿈을 정할 수 있었다. 그의 꿈은 '나의 경험을 전수함으로써 사람들을 도와주는 세계적인 강연자가 되는 것'이다. 대학을 졸업한 이후에 성원이는 기업의 인재개발부서에 취업해서 사원들을 교육하는 전문적인 강사의 길을 개척할 예정이다.

미국의 심리학자 앨런 럭스는 자신의 저서에서 '돕는 자의 쾌감(helper's high)'에 대해 소개하고 있다. '돕는 자의 쾌감'이란 주기적으로 남을 돕는 것이 행복으로 가는 지름길이라는 것이다.

그는 3천 명의 자원봉사자들을 대상으로 조사를 시행했는데 이들 중의 95퍼센트가 남을 돕는 활동에서 강한 쾌감을 느끼며 건강해지는 느낌이 든다고 답했다. 실제로 이들은 다른 사람들보다 더 건강한 것으로 나타났다. 이를 '마더 테레사 효과' 또는 '슈바이처 효과'라고도 부른다.

미시간대학 연구원들은 노인 부부 423쌍을 대상으로 남을 돕는 습관과 수명 사이의 관계를 연구했다. 조사 기간 5년 동안 134명의 노인이 숨졌는데, 평소 남을 잘 돕는 노인들의 사망률은 그렇지 않은 노인들의 절반 이하였다고 한다.

또한 캘리포니아주 마린 카운티에서 55세 이상 2천 25명을 대상으로 5년간 진행된 연구에 따르면 봉사활동을 규칙적으로 하는 사람들의 사망률이 그렇지 않은 사람들보다 무려 63퍼센트나 낮았다고 한다.

이러한 연구들이 공통으로 내리는 결론은 건강하고 행복하게 살고 싶다면 남을 돕는 일에 힘쓰라는 것이다. 남을 돕는다고 해서 어떤 거창한 활동을 생각할 필요는 없다. 집안일을 돕거나 이웃을 돕는 등 사소하고 일상적인 활동일지라도 남을 도우면 심신 모두 건강해질 수 있다.

'하늘은 스스로 돕는 자를 돕는다'라는 옛말이 있는데 이 말은 바뀌어야 할 것 같다. '하늘은 남을 돕는 자를 돕는다'로. 남을 돕는 것이야말로 자신이 행복해지는 가장 빠른 길이다. 어떤 의도에서건 남을 돕는 활동은 자신에게 돌아오게 되어 있다.

신비롭게도 우리는 남을 도울 때 가장 많이 성장할 수 있다. 영어를 잘하고 싶다면 영어를 가르쳐주면 된다. 시험을 잘 치고 싶다면 시험 내용을 친구에게 가르쳐주면 된다. 그러면 그 내용이 자신의 머릿속에 남을 것이다.

나는 꿈꾸는 기술을 소개하는 강연을 종종 하는데 강연 활동에서 가장 큰 유익을 얻는 사람은 다름 아닌 바로 나 자신이다.

강연을 하면서 나 자신부터 열심히 살아야겠다는 동기를 갖게 되기 때문이다. 이 세상 최고의 투자는 바로 남을 돕는 일이다.

2010년 하버드대학 연구팀은 '남을 돕겠다는 생각만으로도 의지와 자제심 등의 정신력은 물론 체력도 좋아진다'라는 흥미로운 연구 결과를 발표했다. 평범한 사람일지라도 남을 돕겠다는 생각만으로도 비범한 정신력과 체력을 얻을 수 있다는 것이다. 연구팀은 간디나 테레사 수녀와 같은 위인들 역시 처음부터 뛰어난 정신력을 지녔다기보다 이웃을 도우면서 다방면의 능력이 발전했을 것이라 말한다.

남을 돕는 삶을 목적이자 꿈으로 만들어야 하는 이유를 한마디로 정리해보면 결국 내가 행복해지기 위해서이다. 세계적인 갑부들은 이미 이러한 사실을 알고 있는 듯하다.

빌 게이츠는 마이크로소프트 CEO에서 물러나 부인과 함께 빈곤 퇴치, 교육환경 개선 등에 공헌하는 자선단체를 운영하면서 사람들을 돕는 삶에 헌신하고 있다. 게이츠 부부는 재산의 3분의 1인 280억 달러가량을 기부해왔다.

워런 버핏은 2006년부터 게이츠 재단에 이미 80억 달러를 기부했으며 사후에는 자산의 85퍼센트인 370억 달러를 기부하겠다고 서약했다. 게이츠와 버핏은 죽은 뒤 재산의 절반을 기부하는 '기부서약(Giving Pledge)' 캠페인을 진행하고 있다.

남을 돕는 것은 자신의 건강과 행복을 위해 매우 중요한 요소이며 나의 꿈에 집중하기 위한 매우 필수적인 요소이다. 특별히

100세 이상을 살아갈 우리는 남을 돕는 방법에 대해서 진지하게 고민해야 한다. 스토리형 꿈에 남을 돕는 요소들을 반드시 포함하자.

DREAMING SKILL

나는 어떠한 사람을 어떻게 돕고 싶은가?

다른 사람의
필요에
민감해지라

우리는 남을 도우면서 돈을 벌고 있다. 몇몇 직업을 살펴보자.
의사는 환자들을 도움으로써 돈을 번다. 경찰은 시민들이 안전
하고 편안하게 살도록 돕는다. 판사는 사람들의 분쟁을 공정하
게 해결해주거나 억울한 피해를 본 사람들이 정당한 보상을 받
도록 돕는다. 선생님은 학생들이 더 나은 삶을 살도록 돕는다.
정치인은 국민이 더 살기 좋아지도록 돕는다. 가수나 탤런트, 개
그맨 등의 연예인들은 사람들이 즐거워지도록 돕는다. 제아무리
뛰어난 가수일지라도 인적이 없는 산에서 홀로 노래 부르면서
돈을 벌 수는 없다.

학자, 예술가, 작가, 운동선수, 교육자, 법조인, 의료인, 방송인,
종교인, 정치인, 요리사 등 세상의 모든 직업은 남을 도우면서 돈
을 벌고 있다.

자영업자도 마찬가지이다. 식당은 손님들이 편리하고 분위기 있게 식사하도록 도우면서 돈을 벌어들인다. 택시는 승객들을 원하는 목적지로 이동시켜주고 상점은 고객들에게 필요한 상품들을 판매한다. 헬스클럽은 고객들의 건강을 도우면서 돈을 번다.

기업들도 사람들을 돕기 위한 경쟁을 벌이고 있다. 전자회사는 최신형 세탁기, 냉장고, 에어컨, 식기세척기 등으로 집안 살림을 돕는다. 그 덕에 가정주부들은 빨래나 설거지를 직접 할 필요가 없으며 음식이 상할 염려를 하지 않아도 된다.

따라서 만약 사업을 하고 싶다면 가장 먼저 사람들을 어떻게 도울지 고민해야 한다. 예를 들어 '젖먹이들을 어떻게 도우면 좋을까? 학부모들에게는 어떤 도움이 필요할까?', '어르신들을 어떻게 도울까?' 등을 고민해야 한다. 남을 돕는 아이디어를 생각해내고 그것을 사업화한다면 좀 더 큰 사명감으로 실패의 가능성을 줄일 수 있을 것이다.

남을 도와주는 꿈을 꾸자는 것은 현실과 동떨어진 내용이 아니다. 남을 돕는 활동은 생계를 위해 이미 필수적이며 일상적인 활동이다. 돈을 더 많이 벌고 싶다면 사람들을 더 많이 도울 수 있는 아이디어와 능력을 갖추도록 공부하고 준비해야 한다. 자신의 직업에서부터 시작해보자. 그리고 일상에서 남을 돕는 방안들을 모색해보자.

2001년 개봉한 영화 「친구」에서는 다음과 같은 명대사가 등장한다. "내가 니 시다바리가?" '시다바리'는 일본어에서 온 단어로

'하수인, 보조, 부하, 꼬봉' 정도의 의미다.

남을 돕는다고 생각하면 다른 사람의 '시다바리'가 되어야 한다는 선입견을 갖는 경우가 많은 것 같다. 하지만 항상 그런 것은 아니다. 사람들을 제대로 돕기 위해서는 비범한 전문성을 갖춰야 한다.

도움을 받는 입장에서 한번 생각해보자. 누구나 공부면 공부, 운동이면 운동, 어학, 요리, 음악, 미술, 사진, 부동산, 재테크 등에서 뛰어난 실력을 갖춘 '전문가'에게 도움을 청하길 원한다. 시다바리 정도가 아닌 실력적으로 뛰어난 전문가라야 사람들을 제대로 도울 수 있기 때문이다.

사람들을 도와주는 삶을 구체적인 꿈으로 만들기 위해 우리는 또한 사람들의 필요에 민감해져야 한다. 사람들의 필요를 발견하고 그러한 필요를 사업화한 사례는 우리 주변에 넘쳐난다. 몇몇 사람들의 이야기를 소개해보겠다.

먼저 사무기기 전문기업 퍼시스의 손동창 회장의 이야기다. 손 회장은 우연히 외국에서 건너온 세련된 디자인의 의자들을 보았다. 대학에서 공예를 전공한 손 회장은 공무원의 상징이었던 철제 책상에 답답함을 느꼈다. 그는 사무기기 사업에 뛰어들어 나무 책상을 보급하기 시작했다. 기존 업체들과의 경쟁은 치열했지만 현재 예전의 철제 책상들은 거의 자취를 감추었다.

미국 소프웍스사의 대표인 아밀리아 안토네티는 아들 데이비드 때문에 애를 많이 먹었다. 데이비드는 태어날 때부터 미세한

자극에도 민감하게 반응하는 아이였다. 안토네티는 고민 끝에 저자극성 비누를 직접 만들기 시작했다. 그런데 그가 만든 비누를 써본 주변 사람들의 반응이 의외로 뜨거웠다. 자신의 아들과 주변 사람들을 돕기 위해 만든 비누는 사업으로 이어졌다. 소프웍스라는 회사는 그렇게 설립되었다.

2011년 6월 처음으로 마사 스튜어트가 한국을 방문했다. 그녀는 '살림'이라는 주부의 일상을 '비즈니스'로 끌어올린 입지전적인 여성이다. 「타임」에서 '올해의 가장 영향력 있는 인물 100인', '미국의 가장 영향력 있는 인물 25인', 「포춘」에서 '가장 영향력 있는 여성 50인' 등으로 선정되기도 했다.

주부로서 그녀는 자신의 필요에 주목해 사업 아이디어를 구상해왔다. 한번은 집을 새로 단장하려고 페인트 가게에 들렀는데 자신이 원하는 자연색을 찾을 수가 없었다. 당시만 해도 페인트의 종류가 다양하지 않았다. 그때 불현듯 '자연을 닮은 페인트 색상을 만들어보면 어떨까'라는 생각이 떠올랐다. 그때부터 만든 페인트가 총 600여 종 이상의 자연색 페인트다. 이것들은 히트상품이 되었다.

일상에서 주부들을 도울 수 있는 아이디어는 실로 무궁무진하다. 그 아이디어를 스튜어트처럼 상품화하면 세계적인 사업가가 될 수도 있다.

전기면도기를 처음 발명한 야곱 쉭은 젊은 시절 금광을 찾아다녔다. 어떨 때는 영하 40도의 추위를 겪을 때도 있었는데 그때는 칼로 면도를 할 수가 없었다. 그러한 상황을 여러 차례 겪으면서 쉬운 전기면도기에 관한 아이디어를 생각해낼 수 있었다.

폴라로이드 카메라의 발명자 에드윈 랜드는 딸의 순진한 질문에서 영감을 얻었다. "사진을 보려면 왜 한참 기다려야 하죠?" 1948년 11월 60초 만에 현상되는 최초의 폴라로이드 카메라 역시 그렇게 만들어졌다.

다른 사람의 필요에 민감해지자. 남을 도우면서 돈을 벌 궁리를 해보자.

세상을
더 좋게
만들겠다는
야망을 품으라

얼마 전 아내는 다섯 살 큰아들을 보낼 어린이집 한 곳을 낙점했다. 자녀교육은 모든 부모에게 중요사안일 텐데 특히 우리 부부는 맞벌이라서 더 신경 쓰이는 것이 사실이다. 아내는 어린이집들을 직접 탐방해보고 주변의 엄마들에게 물어보며 인터넷의 정보 조사까지 마친 후에야 30분 거리에 있는 한 어린이집을 선정했다. 거리가 제법 된다는 사실이 문제가 되지 않을 정도로 아내는 만족스러워했다.

그 어린이집이 아내의 마음을 잡아끈 가장 주요한 이유는 원장님의 교육철학 때문이었다. 나도 몇 번인가 원장님을 뵌 적이 있는데 아이들을 사랑하는 마음이 넘치는 분이셨다.

원장님의 교육철학은 '유대인의 자녀교육에 기초하여 전인격적인 교육과 사랑으로 아이들을 양육하는 것'이다. 그래서인지 어린이집의 분위기, 프로그램, 음식, 위생 상태, 홈페이지 관리 등 많은 부분이 특별했다. 무엇보다 선생님들의 표정이 한결같이 밝고 상냥했다.

언젠가 아내가 지나가는 말로 "우리 애가 말썽을 많이 피워서 힘드시죠?"라고 이야기한 적이 있다. 그때 원장님은 손사래를 치며 이렇게 대답하셨다. "요즘 예준이가 동생 때문에 스트레스를 많이 받아서 그래요. 절대로 말썽이라고 생각해서는 안 돼요. 사랑받고 싶다는 표현이니 더 많이 안아줘야 해요."

아내는 어린이집에 한 번씩 다녀올 때마다 아이들을 우선으로 생각하는 원장님의 마음 씀씀이에 감동을 받고 돌아온다.

이 어린이집은 가정주부였던 이애경 원장이 자신의 전 재산을 털어 설립한 곳으로, 꿈의 산물이다. 그녀의 교육철학은 일생을 다해 이루어가고 싶은 꿈이다. 그와 같은 숭고함에서 출발한 일이기에 그녀의 한마디 한마디가 감동스러운 것일지도 모르겠다.

이왕 도울 거라면 사람들이 감동하게끔 돕는 것은 어떨까? 돈을 벌기 위해 돕는 것이 아니라 사람들에게 감동을 주기까지 노력해보는 것은 어떨까? '이 정도면 충분한 것 아닌가?', '그렇게까지 할 필요가 있나?'라는 생각을 넘어서 사람들을 감동시키겠다는 꿈을 만들어보자.

자신의 꿈을 통해 사람들을 감동시키겠다는 뜻을 품고 살아간다면 일상 속의 평범한 활동들을 더욱 정성스럽게 하게 될 것이다. 감동을 전하겠다는 꿈을 가진 의사라면 아픈 환자들을 더 정성스레 진료할 것이다. 정치인이 국민을 감동시키겠다는 꿈을 가진다면 그의 정치활동은 더 아름다워질 것이다. 학생들에게 감동을 전하겠다는 꿈을 가진 선생님이라면 수업을 더 알차게 준비할 것이며 목소리의 톤이나 표정, 언어, 행동 등에 사랑이 넘쳐날 것이다.

식당 주인은 손님을 감동시키겠다는 꿈을 가지고 영업해보자. 그 식당에는 친절과 사랑이 넘쳐날 것이다. 택시기사는 승객들을 목적지로 이동시키면서 감동을 주도록 노력해보자. 가수는 노래를 통해 사람들을 감동시키는 열정을 쏟아내길 바란다.

감동을 주는 일생을 살아간 인물로 마더 테레사가 대표적일 것이다. 그녀는 유고슬라비아에서 태어나 1928년 로레토 수녀원에 들어갔다. 1930년 인도 콜카타의 빈민가로 파견을 받아 살면서 센트메리 고등학교의 교사, 교장 등을 역임했다. 1950년에는 인도로 완전히 귀화했으며 그해 10월에는 '사랑의 선교 수녀회'를 설립하여 빈민, 고아, 불치병 환자들을 돌보는 인생을 살았다.

테레사는 이 무렵부터 '마더 테레사'로 불렸는데 세계 각국에 도움이 필요한 사람들에게 사랑의 손길을 내밀었기 때문이다. 그리하여 1979년에는 노벨 평화상을, 1980년에는 인도의 가장 영예로운 시민 훈장인 바라트 라트나를 받았다. 사랑의 선교 수녀회는 지속적으로 확장하여 그녀가 사망하기까지 123개국에 나병과 결핵, 에이즈 환자를 위한 요양원, 빈민들을 위한 급식소, 상담소, 고아원, 학교, 병원 등의 수많은 시설을 세워나갔다.

마더 테레사가 여타의 수녀들과 다른 점은 무엇일까? 어떻게 그녀는 그토록 감동적이고 헌신적인 인생을 살 수 있었을까? 사람들은 마더 테레사의 깊은 신앙심, 신과의 성스러운 영적 교감 때문이라고 말한다. 물론 틀린 말은 아니다. 하지만 평생 가난한 사람들의 발을 씻긴다고 해서 학교나 병원, 고아원이 절로 솟아나는 것은 아니다.

이러한 의문에 대해 컬럼비아대학 피터 템즈 교수는 마더 테레사의 특별한 헌신은 바로 그녀의 '야망'에서 비롯된 것이라고 지적한다.

마더 테레사는 모금 센터를 뉴욕에서 운영했다. 뉴욕은 세계에서 돈이 가장 많이 몰리는 곳이다. 그녀의 엄청난 꿈을 달성하려면 무수히 많은 시설을 세워야 했다. 그러기 위해서는 많은 자금이 필요했다.

마더 테레사는 인도의 산골에서 기도만으로 세월을 보내지 않았다. 그녀는 웬만한 글로벌기업 총수 못지않게 비행기를 타고 세계를 누비며 천문학적인 후원금을 모금했다. 그랬기에 병원과 학교와 고아원을 끊임없이 세워나갈 수 있었던 것이다.

마더 테레사에게는 '야망'이라는 단어가 왠지 어울리지 않아 보인다. 하지만 마더 테레사의 삶에서 보듯 야망을 꼭 나쁘게만 볼 필요는 없다. 세상을 살기 좋게 만들겠다는 숭고한 야망은 우리 모두가 가지면 좋은 꿈이다.

"젊은이여 야망을 가져라"는 미국의 저명한 식물학자 윌리엄 클라크가 한 말이다. 그는 80여 년 전에 일본의 삿포로대학에서 청년들을 가르쳤다. 앞의 말은 본국으로 귀국할 때 배웅 나온 제자들에게 큰 포부를 가지라는 의미로 던진 작별인사의 한마디였다.

"젊은이들이여 야망을 가지십시오. 돈, 이기적인 권력이나 헛된 명성 때문이 아니라 인간이라면 누구나 추구해야 할 성취들을 위해 야망을 가지십시오."

인류가 멸망하지 않고 행복해지기 위해 우리가 추구해야 할 세상은 어떤 세상일까? 내가 떠올려본 것은 다음과 같다. 이러한 세상을 만들기 위해 해결해야 할 과제에는 무엇이 있을까? 지금보다 더 아름다운 세상을 만들기 위해 야망을 품고 꿈을 만들어보는 것은 어떨까?

아래는 내가 그리고 바라는 세상의 모습이다.

살기 좋은 세상	분쟁이 없는 세상
1. 사랑과 웃음이 넘치는 세상	1. 전쟁과 테러가 없는 세상
2. 모든 사람이 꿈과 희망을 가지는 세상	2. 종교적 갈등이 없는 세상
3. 굶어 죽는 사람이 없는 세상	3. 에너지 확보를 위한 분쟁이 없는 세상
4. 돈 때문에 치료 못 받는 사람이 없는 세상	4. 민족주의로 인한 갈등이 없는 세상
5. 인종, 성, 장애 등의 차별 없는 세상	5. 인터넷에 악성댓글이 없는 세상

범죄 없는 세상	화목한 가정
1. 성폭력, 성추행이 없는 세상	1. 자살이 사라진 가정
2. 살인, 절도, 사기 등의 범죄 없는 세상	2. 언어, 육체적 폭력이 사라진 가정
3. 음란한 동영상, 사이트 없는 세상	3. 이혼이 없는 가정
4. 도박, 게임, 마약 등의 중독이 없는 세상	4. 청소년 가출이 없는 가정
5. 경찰서, 교도소가 필요 없는 세상	5. 출산이 증가하는 가정

인간적인 학교	건강한 사회
1. 소외당하는 학생, 왕따가 없는 학교	1. 취업난이 없는 사회
2. 선생님이 존경받는 학교	2. 빈부격차 없이 모두가 잘사는 사회
3. 인격을 성숙시키는 학교	3. 부정, 부패, 비리가 없는 사회
4. 잠재력, 특기, 적성을 계발시키는 학교	4. 지역감정이 없는 사회
5. 사교육비 부담을 덜어주는 학교	5. 평화적 남북통일이 이루어진 대한민국

2010년 3월 24일 「매일경제」는 빌 게이츠 회장이 이산화탄소를 배출하지 않는 획기적인 원자력발전 사업을 시작한다는 기사를 보도했다. 빌 게이츠의 남은 소원은 '이산화탄소를 배출하지 않는 에너지원을 개발하는 것'이라고 한다. 그가 또 다른 도전을 감행할 수 있는 이유는 세상을 좀 더 살기 좋은 곳으로 만들어보겠다는 꿈 때문일지도 모른다.

세상을 살기 좋은 곳으로 만들고 싶은 야망을 가진 또 한 명의 젊은이가 있다. 환경운동가이자 『작은 실천이 세상을 바꾼다』의 저자인 대니 서이다. 재미교포 2세인 그는 1996년 미국 출판업계로부터 '미국에서 가장 영향력 있는 10대'로 「피플」의 '세상에서 가장 아름다운 50인'에 선정되기도 했다.

대니 서는 열두 살이라는 어린 나이에 동네에 숲이 없어진다는 말에 충격을 받아 환경운동을 시작했다. 환경문제를 일으키는 대기업과 싸움을 벌이기 위해 단돈 23달러로 '지구 2000'이라는 단체를 만들었다. 처음에는 그의 친구들 일곱 명으로 시작했지만 1997년 해체되기 직전 회원의 수는 무려 2만6천 명이었다.

모피 코트 하나를 만드는 데 밍크 200마리, 붉은 여우 열세 마리, 다람쥐 100마리를 죽여야 한다는 사실을 알게 되면서 대니 서는 모피 코트 불매운동을 전개하기도 했다. 그 결과 4천 여 개의 모피상점이 문을 닫았다.

그는 사람들이 하루 15분씩만 투자하면 세상을 변화시킬 수 있다고 말한다. 또한 거창한 구호보다 일상에서의 작은 실천이 더 중요하다고 역설한다. 현재 그는 우리가 어떤 집에 살고 어떤 음식을 먹으며 어떤 옷을 입는 것이 가장 친환경적인지 알리는 일에 앞장서고 있으며 솔선수범해서 그러한 삶을 살아가고 있다.

빌 게이츠나 대니 서처럼 세상을 살기 좋게 만드는 야망으로 꿈을 만들어보자. 이러한 꿈은 먼저 나 자신에게 숭고한 의미를 부여해줄 것이다. 또한 모두가 그 꿈을 품고 함께 노력한다면 세상은 더 살기 좋아질 것이다.

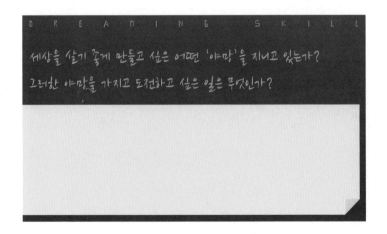

DREAMING SKILL

세상을 살기 좋게 만들고 싶은 어떤 '야망'을 지니고 있는가?
그러한 야망을 가지고 도전하고 싶은 일은 무엇인가?

꿈꾸는
젊은이를 위한 조언

꿈은
믿는 자의
편이다

현진이의 꿈은 '전국적인 규모의 유통 체인점을 만들어서 사람들에게 선행을 베푸는 자선사업을 하는 것'이다. 자신의 꿈을 통해 사람들을 도울 수 있다고 생각하니 꿈에서 큰 의미를 얻을 수 있었다. 한편으로 부모님이 운영하는 마트를 물려받아 크게 키워보겠다는 포부도 품고 있다. 그래서 휴학을 결행했다. 일본과 미국으로 떠나 어학연수 겸 선진적인 유통회사 인턴 등의 경험을 쌓기 위한 결정이었다.

그런데 일이 뜻대로 풀리지 않았다. 대형마트가 근방에 입점하는 바람에 부모님이 운영하는 마트의 매출이 급감한 것이다. 설상가상으로 아버지가 갑자기 쓰러지셨다. 그러한 실정에서 현진이는 나 몰라라 해외로 떠날 수 없었다. 꼬박 2년을 어머니를 도와 가게 일을 거들었다. 제법 시간이 흐르자 아버지도 어느 정도

기력을 회복하셨다. 그래서 이제는 복학해서 4학년으로 학교에 다니고 있다.

현진이의 일차적인 목표는 대기업 계열의 유통회사에 취업하는 것이다. 규모 있고 체계적인 유통시스템을 경험하고 싶기 때문이다. 그런 곳에 취직하려면 스펙을 높게 쌓아야 한다. 그런 면에서 현진이는 지난 2년을 마냥 허송한 것 같아 마음 한편이 착잡하다. 아직 아버지의 건강이 완벽히 회복되지 않아 가게가 바쁠 때는 도와야 해서 취업 준비에 올인하기도 여의치 않다.

그럼에도 현진이는 담담하게 말했다. "언젠가 꿈을 이루고 말 거예요. 어차피 나는 크게 될 사람인데 이 정도 시련은 극복해야 한다고 생각해요. 어려운 상황에서 노력해서 이룬 꿈인 만큼 나중에 후세들에게 전해줄 교훈이 있겠죠."

말은 그렇게 했지만 현진이의 눈가에는 눈물이 맺혔다. 현실의 답답함이 못내 힘겨운 모양이다. 하지만 나는 현진이가 반드시 꿈을 이룰 것이라 믿는다. 그 자신이 꿈이 실현될 것을 믿고 있기 때문이다.

우리는 꿈이 원대할수록 꿈이 실현될 것으로 믿어야 한다. 그렇게 믿음으로써 최선을 다할 수 있기 때문이다. 꿈의 실현을 믿을 수 있다면 그 과정이 아무리 힘들지라도 극복할 수 있다. 예를 들어 전문의가 되기 위한 레지던트 과정은 말할 수 없이 힘든 것으로 정평이 나 있다. 하지만 장래에 전문의가 된다는 확신이 있기에 레지던트들은 그 힘든 시련을 극복해낸다.

꿈이 실현될 것을 믿음으로써 우리는 노력의 강도를 점진적으로 높여나갈 수 있다. 예를 들어 자신이 반에서 10등 정도라고 믿는다면 10등 할 정도로만 노력하고 중단해버릴 가능성이 크다. 반면 '나는 1등이다'라고 굳게 믿는다면 노력의 강도를 높여나갈 수 있다.

노력 없이 꿈이 마법처럼 이루어지길 바라면 아무 소용없다. 우리의 믿음에는 반드시 노력이 따라야 하며 믿음과 노력이 동반될 때 꿈은 실현될 수 있다.

비를 기원하는 인디언들의 기우제의 성공률은 100퍼센트다. 인디언들은 비가 내릴 때까지 매일 기우제를 지내기 때문이다.

기우제를 시작한 지 열흘 만에 비가 내렸다고 생각해보자. 인디언들은 이렇게 말할 것이다. 자신들은 기우제를 단 한 번 지냈고 단지 열흘이 경과했다고. 따라서 기우제의 성공률은 100퍼센트라고. 반면 우리는 그 상황을 두고 열흘 동안 열 번의 기우제를 지냈으니 성공률은 10퍼센트 정도라고 말할지 모른다. 만일 한 달 후에 비가 온다면 인디언들은 이번에는 한 달짜리 기우제가 필요했다고 말할 것이다.

인디언들은 기우제를 시작하면 비가 올 것으로 굳게 믿는다. 그러한 믿음 때문에 기우제를 매일 지낼 수 있다. 또한 밭을 갈아놓거나 움막의 지붕을 수리하거나 가축들을 돌보는 등의 준비를 다할 수 있다. 믿음이 있기에 희망을 품고 노력하는 것이다.

미국의 발명가 토머스 에디슨은 전구를 발명하는 과정에서 전기에 녹지 않으면서 빛을 발하는 필라멘트가 될 수 있는 물질을 찾기 위해 3천 번 이상 같은 실험을 반복했다. 실험을 보조하던 조수는 지친 나머지 "이미 3천 번이나 실패했는데 그만 포기하는 것이 어떨까요?"라고 말했다. 그러나 그때 에디슨은 "우리는 실패한 것이 아니라 필라멘트에 적합하지 않은 3천 개의 물질을 발견했을 뿐이라네"라고 답했다.

필라멘트를 발견하기까지 에디슨은 단 한 번도 실패한 적이 없다. 단지 3천 단계를 거쳤을 뿐이다. 그는 '반드시 찾아낼 거다'라는 믿음을 가지고 있었기에 지속적으로 노력할 수 있었던 게 아닐까?

꿈을 향하는 과정에서 크고 작은 어려움을 겪을 수도 있다. 그때 포기해버린다면 도전은 결과적으로 실패다. 하지만 포기하지 않는다면 아직 실패한 것이 아니다. 포기하지 않는 한, 실패할 수 없다.

비를 기원하는 인디언들처럼 꿈이 100퍼센트 이루어지리라 믿어보자. 그렇게 믿을 때 포기하지 않고 끝까지 노력할 수 있다. 기우제를 지내지만 즉시 비가 내리지 않을 수 있는 것처럼 노력이 즉시 어떠한 결과로 돌아오지 않을 수도 있다. 하지만 꿈의 실현을 믿는다면 지속적으로 노력할 수 있다.

『꿈꾸는 다락방』의 이지성 작가는 책을 통해 'R=VD'라는 공식을 소개했다. 이는 'Realization=Vivid Dream'의 약자로 '생생하게(Vivid) 꿈꾸면(Dream) 이루어진다(Realization)'는 의미이다. 이 공식을 한마디로 '꿈의 실현을 시각적으로 디자인하면 꿈을 이룰 수 있다' 정도로 정리해볼 수 있다. 꿈이 실현된 상황을 시각적으로 디자인해보는 것은 꿈의 실현을 믿을 수 있는 매우 유용한 방법이다.

나도 꿈이 실현된 상황을 시각적으로 디자인하고 있다. 예를 들어 이 책이 출판된 이후에 내가 강의하고 있는 대학교에서 출판기념 강연회를 개최하는 모습을 시각적으로 상상하는 것이다. 그러한 상상의 일환으로써 다음 그림과 같은 홍보용 플래카드를 떠올렸다. 이 사진은 사진편집 프로그램을 활용한 것으로, 비전 메이커스스 2기였던 한 학생이 특별히 제작해서 보내주었다.

미국의 명문 하버드대학과 예일대학에서는 흥미로운 조사를

| 출판기념 강연회 플래카드가 설치된 학교 정문의 모습 |

진행한 적이 있다. 학생들에게 자신의 꿈을 글로 적어서 제출하는 과제를 내본 것이다. 그런데 구체적인 문장으로 제출한 학생들은 전체의 3퍼센트에 불과했다. 예일대학은 19년 뒤, 하버드대는 22년 뒤에 그 조사에 참여했던 졸업생들의 자산을 조사해보았다. 결과는 놀라웠다. 꿈을 구체적으로 기록했던 3퍼센트의 졸업생이 나머지 97퍼센트의 자산총액을 능가한 것이다.

꿈을 구체적인 문장으로 적지 않았던 97퍼센트의 사람들을 분류해봤더니 그중 87퍼센트는 구체적인 꿈 자체가 없었다. 그런데 나머지 10퍼센트는 구체적인 꿈이 있었음에도 기록으로 제출하지 않았다. 이들은 꿈을 머릿속으로만 생각한 것이다.

하버드대학이나 예일대학을 졸업할 정도라면 실력적으로 이미 뛰어난 사람들이다. 그런데 꿈을 글로 적은 3퍼센트와 적지 않은 10퍼센트 사람들의 차이는 무엇이었을까?

꿈을 가진다는 것은 흘러가는 대로의 삶을 거부하고 도전하는 삶을 살겠다는 의지적인 결단이다. 그러한 의미에서 꿈을 적지 않았던 사람들은 꿈에 대한 믿음, 자신감, 도전정신이 부족했던 것 같다.

종이에 꿈을 기록하는 행위 자체가 마법과 같이 행운을 불러오는 것은 아니다. 기록 자체보다 꿈을 이루어내는 삶을 위해 노력하는 것이 더 중요하다. 다만 종이에 꿈을 기록하는 것은 그러한 의지를 다지기에 유용한 방법이다.

꿈을 기록할 때 유념해야 할 사항이 있다. '과거형'으로 기록해야 한다는 점이다. 기록하는 근본적인 취지가 나의 꿈을 이루어질 것으로 믿기 위함이기 때문이다. 이미 이루어졌다고 전제하고 자신의 꿈을 써보자.

노력의
임계점을
돌파하라

물은 정확히 100도가 되어야 끓는다. 물이 수증기로 바뀌는 순간의 차이는 바로 마지막 1도이다. 물이 끓기 위한 임계점이 바로 100도라고 할 수 있다.

운동이나 요리, 외국어 등도 꾸준히 연습하다 보면 '어느 순간'에 이를 때 실력이 향상된다. 스케이트를 배울 때 계속 넘어지다가 어느 순간 요령을 터득하는 것처럼 말이다.

영어에는 '낙타의 등뼈를 부러뜨린 마지막 지푸라기'라는 속담이 있다. 아무리 힘센 낙타라도 짐을 많이 싣다 보면 버티지 못하고 쓰러지는 임계점이 있다. 낙타의 등뼈를 부러뜨린 마지막 지푸라기 역시 임계점을 돌파하는 노력을 뜻한다.

그러므로 '노력한 만큼 성과가 나온다'는 정확한 표현이 아닌 것 같다. '임계점을 돌파하기까지 꾸준히 노력하면 성과를 얻을 수 있다'가 좀 더 정확한 표현일 것이다. 99도까지 가열했지만 중도에 포기하면 성과를 얻을 수 없고 노력이 수포로 돌아가기 때문이다. 성과를 얻지 못하는 근본적인 원인은 임계점에 다다르기 전에 포기하기 때문인지도 모른다.

마케팅 전문가 허버트 트루의 연구 결과에 따르면 세일즈맨 중 44퍼센트는 첫 번째 고객 방문 후 포기하고 24퍼센트는 두 번째 방문 후에 그만두며 14퍼센트는 세 번째 방문 후, 12퍼센트는 네 번째 방문 후 포기한다고 한다. 즉 세일즈맨 중 94퍼센트가 네 번째 방문 이내에서 포기한다는 것이다. 하지만 판매의 60퍼센트는 다섯 번째 방문에서 이루어진다고 한다. 이 통계는 모든 세일즈맨 중 94퍼센트가 구매 고객 중 60퍼센트를 놓쳐버렸음을 의미한다. 딱 한 번만 더 방문했더라면 판매했을지도 모른다.

유명한 백만장자, 영화배우, 예술가들은 쉽게 성공한 것처럼 보이기도 한다. 임계점을 돌파하기까지 쏟았던 그들의 노력과 인내에 주목하지 않기 때문이다. 그러나 영화배우 더스틴 호프만은 10년의 세월이 흐른 뒤에 주목을 받았다. 맥도널드의 창업자인 레이 크록 역시 "어느 날 아침 잠자리에서 일어나니 성공한 사람이 되어 있었다. 그러나 30년이라는 길고도 긴 밤을 지내야 했다"고 말했다.

임계점을 달리 표현하면 '내가 지닌 한계'라고 말할 수 있다. 당연한 이야기지만 임계점을 넘어서는 과정은 매우 힘들고 어쩌면 고통스럽기까지 하다. 임계점까지는 아무런 변화가 일어나지 않는 경우가 허다하기 때문에 더 그러하다. 따라서 임계점을 넘어서려면 무의식까지 적극적으로 활용할 필요가 있다.

자신의 꿈을 벽에 붙여놓고 아침저녁으로 소리 내어 낭독해보라. 이 방법은 직접적으로 무의식에 메시지를 주입하는 방법이다. 단순히 꿈을 붙여놓고 읽는다고 해서 마법처럼 꿈이 이루어지는 것은 아니다. 하지만 그러한 행동을 함으로써 꿈을 향해 더욱 노력하게 된다. 이 사실을 명확히 인식하자.

나도 '스토리형 꿈'을 집과 학교의 연구실 벽에 붙여놓고 있다. 이러한 방법을 통해 무의식에 '나의 꿈은 이루어질 것이다'라는 생각을 주입하고 있다. 여러분에게도 이 방법을 추천한다.

인생에도
내비게이션이
필요하다

재훈이를 처음 만난 것은 2008년 1학기 경영통계학 강의에서였다. 재훈이는 군대 제대 후 경영학과로 전과한 학생이었는데 첫 수업을 마치자마자 나를 찾아와 다양한 질문들을 던졌다. 강의와 관련해서는 "영문학과에서 전과했는데 강의를 잘 따라갈 수 있을까요?", "통계학은 어떻게 공부해야 할까요?", 개인적으로는 "발표를 잘하려면 어떻게 해야 하나요?", "○○공모전에 도전해보려고 하는데 어떤 식으로 접근해야 할까요?", "제가 지금 어떤 책을 읽으면 좋을까요?" 등이었다.

　그 이후로도 재훈이는 궁금한 점이 생기거나 자문이 필요할 때면 빈번하게 찾아와서 물었다. 둘째가라면 서러울 정도로 열정이 넘치고 매사에 성실하며 진지한 학생이었다. 그 결과 재훈이는 전과한 첫 학기부터 우수한 성적으로 등록금 전액을 면제

받았으며 현대자동차에서 주최하는 마케팅공모전에서 장려상을 받기도 했다.

재훈이처럼 성실하고 적극적인 학생을 가르치는 것은 선생인 나에게도 즐겁고 보람 있는 일이었다. 나는 재훈이와 적지 않은 시간을 함께 보내며 여러 이야기를 나누었다. 밥도 여러 번 사주었으며 공모전에 도전한다고 했을 때는 발표 자료도 여러 번 검토해주기도 했다.

그러던 재훈이가 3학년이 되자 고향인 대구 지역의 국립대학으로 편입해버렸다. 재훈이는 나에게 연신 죄송하다고 말했다. 상실감이 적지 않았지만 나는 쿨한 척 말했다. "그래, 머물러 있는 것보다 새롭게 도전해보는 것이 좋지. 너라면 어디에서든 잘해낼 거라 믿는다. 지금껏 해오던 대로 그렇게 열심히 하렴."

재훈이와의 인연은 그것으로 끝일 줄 알았다. 그런데 재훈이는 그 후로도 자주 안부를 전해왔다. 전화를 하고 이메일과 문자를 보냈으며 인터넷카페에 글을 남기고 대구에서 부산까지 찾아오기도 여러 번이었다.

재훈이는 간혹 자랑을 늘어놓기도 한다. "이번 학기에도 전액장학금을 받았어요.", "○○은행 공모전에서 대상을 받았어요. 신입사원 선발에서 서류심사를 통과시켜준대요.", "토익점수가 ○○○점이 되었어요. 교수님이 생각나서 전화 드립니다."

때로는 자문을 구하기도 한다. "해외 인턴으로 A와 B 중 어느 나라가 좋을까요?", "기업체 인턴은 C와 D 중 어디로 가야 할까요?" 그렇게 시작하는 통화는 30~40분 동안 이어지기도 한다. 언제부터인가 재훈이는 나를 '멘토'라고 부르기 시작했다.

재훈이는 본받고 싶은 멘토를 만들려고 부단히 노력하는 스타일이다. 재훈이에게 내가 유일한 멘토는 아니다. 호주로 워킹홀리데이를 떠났을 때 만났던 멜번대학 로스쿨의 박사 과정을 공부하는 형, 편입으로 들어간 대학에서 만난 몇몇 교수님들과 선배들도 재훈이의 멘토이다. 지난여름 두 달 동안 인턴활동을 했던 은행의 차장님과도 꾸준히 연락을 주고받고 있다.

내비게이션은 자동차에서 빠질 수 없는 필수품으로, 처음 가는 목적지를 향해 운전한다면 내비게이션의 안내를 따르는 것은 당연한 상식이다. 우리의 인생에도 내비게이션을 장착할 필요가 있다. 인생에서의 내비게이션, 그것은 다름 아닌 멘토의 조언이다.

삶의 목적으로서의 스토리형 꿈을 만들었다면 그 꿈은 우리에게는 초행길일 것이다. 인생의 초행길에서 주변의 표지판을 보며 적당히 살아가는 것은 상당히 무모한 도전이다. 꿈과 관련해서 인생 선배들, 멘토들의 안내를 받는다는 것, 그것은 말할 수 없이 귀중한 자산이다.

주변에서 멘토로 삼고 싶은 롤모델을 떠올려보자. 조금이라도 본받고 싶고, 배우고 싶은 대상이라면 누구라도 괜찮다. 중요한 것은 멘토가 되어달라고 상대방의 허락을 구할 필요가 없다는 사실이다. 상대방의 의사에 개의치 말고 적극적으로 안부를 전하며 함께 밥을 먹고 이야기를 나누도록 하자.

그리고 여러 가지로 궁금했던 것들을 물어보자. 대신 정중하게 예의를 갖추어서 질문해야 한다. 그러한 과정을 거치다 보면 누가 뭐라 하지 않아도, 자연스럽게 멘토와 멘티의 관계로 굳어질 것이다. 어디에서든 멘토와 멘티의 관계를 만들어가는 재훈이처럼 말이다.

재훈이는 멘토의 중요성을 누구보다 잘 알고 있다. 멘토들과의 관계를 통해 인생의 방황을 접고 적극적으로 도전하며 살게 되었기 때문이다.

재훈이는 졸업 후 금융회사에 취업할 예정이다. 취업한 이후에는 자신도 누군가의 멘토가 되어주겠다는 계획을 세우고 있다. 우선 기초생활 수급대상자인 가난한 대학생 한 명을 선정해서 매달 30만 원 정도의 장학금을 주고 한 달에 한 번씩 만나서 개인적으로 멘토링을 해줄 생각이다. 개인 멘토링 프로그램을 어떤 식으로 운영하는 것이 좋을지는 이미 사회복지학과 교수님께 자문을 구해보았다고 한다.

재훈이의 궁극적인 꿈은 대한민국에서 「BBBSBig brothers big sisters」와 같은 멘토링 프로그램을 창설하는 것이다. 이는 미국에서 시작된 프로그램으로, 부모가 없거나 편부모 슬하에 있는 아이들에게 형제나 자매가 되어주어 한 달에 두세 번씩 만나 가족처럼 시간을 보내면서 그들이 마약이나 범죄로부터 멀어지고 바르게 성장하도록 도와주는 일대일 멘토링 프로그램이다.

1904년 뉴욕에서 서른아홉 명의 멘토들로부터 시작된 이 프로그램은 현재 미국 전역에 퍼져 있으며 미국 이외에도 열두 개의 나라에서 멘토링 활동을 활발히 전개하고 있다. 멘토의 중요성을 가슴 깊이 느끼고 있는 재훈이에게 잘 어울리는 꿈인 듯하다.

D R E A M I N G   S K I L L

닮고 싶고, 본받고 싶은 사람의 이름을 세 명 이상 써보라.

위에 적은 분들을 나의 개인적인 멘토로 삼으려면
어떤 노력을 해야겠는가?

친구라는
칠판에
꿈을 새기라

경영대학 학생회 활동을 열심히 하는 성훈이는 졸업한 뒤에 글로벌 스포츠용품 회사에 입사하기를 꿈꾸고 있다. 향후에 한국 지점 사장이 되고 스포츠관련 업체도 창업하고 싶다. 그 후에는 FIFA 축구연맹 회장에 도전해서 축구를 통해 사람들에게 꿈과 희망을 주는 일을 하길 원한다. 어려서부터 축구를 좋아해온 성훈이다운 꿈이다.

성훈이는 자신의 꿈을 숨기지 않고 가족과 친구들에게 말하고 다닌다. 외향적이고 쾌활한 성격인 탓도 있겠지만 꿈을 이루지 못할 것을 두려워하기보다 하루하루 의미 있게 사는 것 자체가 더 중요함을 배웠기 때문이다. 또한 친구들에게 꿈을 알리는 것이 자신의 꿈에 부끄럽지 않도록 열심히 노력하겠다는 의지를 선포하는 행위임을 잘 알고 있기 때문이다.

학생회에서 중추적인 역할을 맡고 있기에 성훈이의 꿈을 직간접적으로 들은 친구들이 한둘이 아니다.

어느 날 성훈이에게 놀라운 사건이 일어났다. 성훈이의 꿈을 알고 있는 친구가 몇 다리를 건너서 선배 한 명을 소개시켜준 것이다. 그 선배는 몇 년 전까지 성훈이가 다니고 싶어 하는 회사에서 근무했으며 지금은 대리점을 운영하는 사장이다. 성훈이는 그 선배의 매장에 수시로 드나들며 질문을 하고 대화를 나누었다. 그 선배를 통해 그 회사에 근무하고 있는 직원을 비롯한 또 다른 선배들도 만나게 되었다.

그런 선배들을 만난다는 것은 성훈이가 상상조차 못한 일이었다. 몇 다리를 건너서까지 도와준 친구의 소개가 아니었다면 불가능한 일이었는데, 이 모든 인연은 성훈이의 꿈으로부터 비롯된 결과물이었다. 성훈이의 꿈을 아는 친구들은 아이디어를 제안하기도 했으며 사람을 소개해주거나 책을 추천해주기도 했다.

누군가의 꿈을 듣게 되면 우리는 그 꿈을 쉽사리 잊지 못한다. 사람을 떠올릴 때 가장 먼저 떠오르는 것이 바로 그의 꿈이기 때문이다. 누군가에게 꿈을 들으면 나도 모르게 그의 꿈을 생각하게 된다. 꿈은 그 정도로 강렬한 파급력이 있다. 이 책의 꿈꾸는 기술을 활용해서 꿈을 만들었다면 그 꿈을 숨기지 말자. 가족에게 알리고 선배들과 후배들, 동료들과 친구들에게 과감히 알리자.

내 경우에도 꿈을 여러 사람에게 알린 덕에 의외의 도움을 많이 얻었다. 이 책에 사례로서 언급될 만한 사람이나 회사를 소개

받기도 했으며 또 다른 책을 추천받기도 했다.

스토리형 꿈을 만들었다면 그 꿈에 대해 친구들에게 알리고 조언을 구해보자. 그렇게 나의 꿈을 친구라는 칠판에 새겨보자. 그러면 생각지도 못했던 아이디어들을 얻을 수 있다.

한발 더 나아가 친구들 여럿이 모여 서로의 꿈을 나누고 그 꿈들을 서로에게 새기도록 해보자. 백지장도 맞들면 낫다. 여럿이 함께 서로의 꿈을 위해 고민하면 더 큰 용기가 나고 힘이 솟는 것은 당연한 현상이다.

DREAMING SKILL

나의 꿈을 알리고 싶은 친구의 이름을 세 명 이상 적어보라.

이들과 꿈을 나누고 서로를 돕기 위해서는 어떠한 노력을 해야 하는가?

일주일 단위의 시간계획표를 짜라

시간을 어떻게 활용해야 할지 고민될 때가 참 많다. 특히 직장인들에게 시간은 절대적으로 부족하다. 일과시간에는 업무에 열중해야 하며 저녁에는 회식, 야근 등 다양한 모임에 참석해야 하고 주말에는 지인들의 경조사와 가족을 위한 활동에도 신경을 써야하기 때문이다. 모두에게 공평한 24시간이지만 시간 활용은 사람마다 천차만별이다.

내가 제안하는 가장 우선적인 방법은 새벽 시간을 활용하라는 것이다. 새벽은 누구도 침범할 수 없는 시간대이다. 여러분이 허락하지 않는 한 아내와 아이들, 친구들이나 직장상사가 함부로 넘볼 수 없다.

무엇보다 새벽에는 높은 집중력을 발휘할 수 있다. 그러한 새벽을 매일 활용한다면 꿈을 향해 더 집중해서 노력할 수 있다. 우리가 한 시간 일찍 일어난다면 한 시간의 추가 시간을 확보할 수 있으며 두 시간 일찍 일어난다면 두 시간을 더 확보할 수 있다. 이러한 황금시간에 꿈을 이루기 위해 노력한다면 꿈의 실현은 불가능이 아니다.

시간 관리의 시작은 새벽에 일어나는 것이다. 새벽에 일어난 하루와 그렇지 않은 하루는 느낌부터가 확연히 다르다. 새벽에 시작한 하루는 더 소중하게 여겨진다. 시작이 다르므로 하루를 바라보는 나의 기분이나 자세가 달라지는 것은 당연하다. 시간을 아껴 쓰려 노력할 수 있다. 머리로만 알고 있던 시간 관리 방법들을 실천할 수 있게 된다.

적어도 1년 동안이라도 새벽 5시에 일어나 생활해보자. 삶이 확연히 달라질 것이다. 하루를 바라보는 관점과 삶에 대한 시각이 판이해지고 꿈을 향한 노력에 집중할 수 있다.

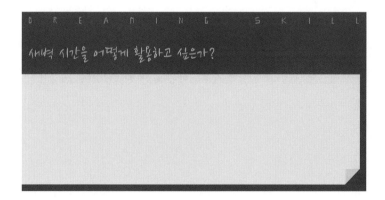

DREAMING SKILL

새벽 시간을 어떻게 활용하고 싶은가?

시간 관리를 위한 방법으로 한 주간의 시간계획표를 작성해보 길 바란다. 우리는 시간계획표를 초등학생들의 방학 숙제로 보는 경향이 있다. 그러한 선입견을 덮어두고 시간계획표를 작성해보 자. 그러면 우리가 얼마나 시간을 낭비하고 있는지 확인하고 의 외로 많은 시간을 확보할 수 있음을 깨닫게 될 것이다.

시간계획표를 작성하는 데에는 몇 가지 원칙이 있다.

첫 번째로는 실행할 수 있는 시간계획표를 작성해야 한다는 점이다. 쉬는 시간이 없거나 식사 시간조차 없이 시간표를 짜는 경우가 더러 있는데, 쉬는 시간이나 친구 만나는 등의 노는 시간 도 공식적인 계획으로 잡아놓아야 한다. 아무리 잘 짠 계획이라 도 실행하지 않으면 그 의미는 퇴색될 수밖에 없다.

두 번째 원칙은 모든 시간대에 구체적인 용도를 정해놓아야 한다는 것이다. 추상적으로 '공부'라고 쓰는 식은 피해야 한다. 구체적으로 어떤 과목의 어느 범위인지를 정해놓아야 그 시간을 제대로 활용할 수 있다.

여기 한 학생의 일주일 시간계획표 예시를 소개하고자 한다. 다음에 소개하고 있는 시간계획표에서도 토익공부의 내용을 더 구체적으로 표현할 필요가 있다. 예를 들어 어떤 영어 교재의 몇 페이지를 어떻게 공부할지 구체적으로 표현해야 실행력을 높일 수 있다.

시간/요일	월	화	수	목	금	토	일
05:00~06:00	기상, 물 한잔 마시고 스트레칭, 동네 한 바퀴 돌기, 샤워						
06:00~07:00	영어듣기, 토익공부, 영어단어 외우기						
07:00~08:00	아침						
08:00~09:00	등교	등교	등교	등교	등교	토익공부	텔레비전 시청
09:00~10:00	한자자격증 공부	한자공부	도서관 아르바이트	인사관리 강의	한자자격증 공부	주말 아르바이트	
10:00~11:00		경영과학 강의					일주일 강의 복습
11:00~12:00			점심				
12:00~13:00	점심	점심	재무회계 강의	점심	점심		점심
13:00~14:00	경영통계학 강의	회계원리 강의		재무회계 강의			
14:00~15:00			휴식	회계원리 강의			
15:00~16:00	경영과학강의	강의 복습	경영통계강의	강의 복습	토익공부 (문법,독해)		
16:00~17:00	강의 복습	운동(농구)	강의 복습	도서관 아르바이트			여자친구와 데이트
17:00~18:00	도서관 아르바이트						
18:00~19:00		휴식	운동(걷기 or 농구)				
19:00~20:00		저녁	저녁	저녁			
20:00~21:00	토론동아리 활동	토익공부 (듣기,문법)	한자자격증 공부	토익공부 (독해)	친구들과 놀기		
21:00~22:00						휴식 및 텔레비전 시청	
22:00~23:00	텔레비전 시청	텔레비전 시청	텔레비전 시청	텔레비전 시청			생활계획서 작성
23:00~24:00	취침						

'꿈꾸는 기술 6'에서 소개한 향토 주류기업의 마케팅 부서에 근무하는 회사원 재효 씨의 꿈은 '전문적인 지식을 가지고 사람들을 도와주는 삶'이다. 이러한 장기적인 꿈을 향해 재효 씨는 매일 노력하고 있다.

여기 재효 씨의 일주일 시간계획표를 소개한다. 다소 빡빡한

감은 있지만 구체적으로 기록된 만큼 실행할 수 있을 것으로 기대된다.

| 직장인 시간계획표 예시|

시간/요일	월	화	수	목	금	토	일
05:00~06:00	기상, 운동	기상, 운동	기상, 운동	기상, 운동	기상, 운동	기상, 운동	기상
06:00~07:00	영어공부	영어공부	영어공부	영어공부	영어공부	사우나	등산(황령산)
07:00~08:00	아침	아침	아침	아침	아침	사우나	등산(황령산)
08:00~09:00	출근	출근	출근	출근	출근		텔레비전 시청
09:00~10:00	시장추정을 위한 데이터점검	전월 자료 작성 및 판매량 분석	주류데이터 업데이트 및 자료 분석	지역 MS 파악 및 신뢰성 검증	월간보고서 수정 작업	전략회의 자료 준비	텔레비전 시청
10:00~11:00							영어학원 주말반
11:00~12:00							영어학원 주말반
12:00~13:00	점심, 산책	점심, 산책	점심, 산책	점심, 산책	점심, 산책	전략회의 자료 준비	
13:00~14:00	이월 목표 수립을 위한 시장 규모 추정 및 환경 파악	마케팅 전략회의	온라인 마케팅 제안서 검토	월간보고서 작성	사장단 회의 자료 준비 및 주간 보고서 작성	점심	
14:00~15:00		마케팅 전략회의				여자친구와 데이트	점심
15:00~16:00		월간보고서 작성					
16:00~17:00		월간보고서 작성	마케팅 전략평가를 위한 세부데이터 업데이트		SNS 교육	여자친구와 데이트	도서관 (외국어공부, 기획안 작성 연습)
17:00~18:00					저녁		
18:00~19:00							
19:00~20:00	저녁	저녁	저녁	퇴근	퇴근		
20:00~21:00	SNS 운영 보고 준비	SNS 판촉 방안 구상	여자친구와 데이트	프레젠테이션 스터디	부·홍·모 정기모임	대학 동기 모임	
21:00~22:00							개그콘서트 시청
22:00~23:00	퇴근	퇴근					
23:00~24:00	취침						

다음과 같은 양식을 활용하여 시간계획표를 작성해보라.

| 나의 시간계획표 |

시간/요일	월	화	수	목	금	토	일
05:00~06:00							
06:00~07:00							
07:00~08:00							
08:00~09:00							
09:00~10:00							
10:00~11:00							
11:00~12:00							
12:00~13:00							
13:00~14:00							
14:00~15:00							
15:00~16:00							
16:00~17:00							
17:00~18:00							
18:00~19:00							
19:00~20:00							
20:00~21:00							
21:00~22:00							
22:00~23:00							
23:00~24:00							

성공은
99퍼센트의
실패 위에 있는
1퍼센트

쿠바의 전설적인 정치가이자 혁명가인 체 게바라는 다음과 같은
명언을 남겼다. "우리 모두 리얼리스트가 되자. 그러나 가슴속에
는 불가능한 꿈을 가지자." 가슴속에 불가능한 꿈을 가지면서 리
얼리스트가 되라는 말은 일견 모순처럼 보인다. 하지만 이 말에
는 심오한 뜻이 담겨 있다.

대부분의 사람은 삶의 목적인 꿈이 이왕이면 순탄하게 이루어
지기를 기대한다. 하지만 미래의 모든 과정이 좋은 쪽으로만 흐
른다고 보장할 수는 없다. 체 게바라는 그러한 의미에서 리얼리
스트가 되자고 조언한 것이 아닐까?

이 시대 최고의 경영전략가 잭 웰치는 다음과 같이 조언한다.
"훌륭한 전략가는 경쟁자가 당신보다 뛰어나거나 적어도 당신만
큼 유능하다고 가정한다. 그리고 당신만큼이거나 그 이상 빠른

속도로 움직이고 있다고 가정한다. 미래를 예측할 때는 아무리 조심해도 지나치지 않다."

의아하게 생각할지 모르겠지만 실패를 어느 정도 '예상'하는 것이 필요하다. 인생에서의 궁극적인 실패가 아니라 꿈을 이루는 과정에서의 실패를 예상하는 것이다. 배가 풍랑을 만나면 뒤집히거나 좌초될 수 있다. 그러나 그 풍랑 덕분에 목적지에 더 빨리 도달할 수도 있다. 풍랑을 삶에서 만날 수 있는 어려움으로 본다면 그로 인해 치열하게 노력하며 전화위복의 기회를 만들 수도 있는 것이다.

하버드대학 경영대학원 로자베스 칸터 교수는 목표를 향하는 모든 중간 과정은 실패처럼 여겨질 수 있다고 말한다. 부부 치료 전문가 미셸 데이비스도 비슷한 견해를 피력한다. "부부관계는 세 걸음 전진하고 두 걸음 후퇴하는 과정을 수차례 거친 다음에야 지속적으로 유지되는 경우가 많다."

마우스를 세계 최초로 출시한 디자인 회사 IDEO의 직원들은 신규 프로젝트를 시작할 때 실패를 미리 예측해본다고 한다. 프로젝트의 궁극적인 실패가 아니라 과정에서 만날 수도 있는 실패를 예상함으로써 포기하지 않고 극복하려는 긍정적인 노력을 다할 수 있기 때문이다.

삼성전자 기획팀에서는 내부적으로 '회사 멸망 시나리오'를 만들어 경영진에게 보고한 적이 있다. 수년 내에 삼성전자가 망한다면 어떤 과정을 거쳐야 할지 예상해보는 것으로써 이는 많은 기업들이 활용하고 있는 전략수립 기법이다. 다소 섬뜩한 보고서인데 최악의 상황을 상정하여 회사가 나아가야 할 방향을 제시하는 것이 보고서의 주목적이다.

신기하게도 모두가 외면하고 싶어 하는 회사 멸망 시나리오를 접한 경영진도 직원들도 긍정적인 감정으로 충만해졌다. 막연히 두려워하던 최악의 상황도 따지고 보면 별것 아니고 지금까지 숱한 역경들을 극복해왔다는 점을 상기하면서 자신감을 얻을 수 있었기 때문이다.

위대한 성취는 모두 어김없이 실패를 극복해낸 결과물이다. 그렇다면 실패는 어찌 보면 성공을 위해 거치는 중간 과정인지도 모른다. 실패를 어떠한 시각으로 바라보느냐가 더 중요하다.

세계에서 가장 혁신적인 기업 중의 하나인 3M은 실패를 발전의 과정으로 보는 기업문화를 가지고 있으며 그러한 문화를 매우 자랑스러워한다. 자동차 왁스 사업에 실패했다고 직원을 해고했다면 3M은 스카치테이프를 발명하지 못했을 것이다. 3M 최고 히트상품 '포스트잇' 역시 실수를 통해 탄생했다는 것은 이미 널리 알려진 상식이다. 중요한 것은 실수를 처리하는 방식이다.

마이클 조던은 NBA농구에서 열다섯 시즌 동안 평균적으로 30.2점이라는 높은 점수를 얻고 MVP를 무려 여섯 번이나 받으며 만년 꼴찌 시카고 불스를 최정상으로 이끈 그야말로 농구 황제이다. 그런데 그는 이런 말을 남겼다. "평생 농구를 하면서 9천 번이 넘는 슛을 성공시키지 못했습니다. 고배를 마신 경기만 300번이 넘고 저 때문에 패배한 경우도 스물여섯 번이나 됩니다." 한 번쯤 생각해봄직한 말이다.

실패는 우리가 무엇인가 배울 수 있는 최선의 지름길인 경우가 많다. 애플에서는 실수하지 않는 직원이 오히려 꾸중을 듣는다고 한다. 실패하지 않는다는 것은 곧 도전하지 않았다는 뜻이기 때문이다.

일본 혼다자동차는 '올해의 실패왕'에게 상을 준다고 한다. 창업주 혼다 소이치로는 "성공이란 99퍼센트의 실패 위에 있는 1퍼센트"라고 말한다. 99퍼센트 실패의 과정을 통해 1퍼센트의 성공을 얻을 수 있으며 그렇게 얻은 1퍼센트의 성공은 실패로 인한 손해를 보상하고도 남는다는 것이다.

스토리형 꿈은 궁극적으로 이루어질 것이다. 이 사실을 믿어야 한다. 하지만 중간 과정에서는 실패를 경험할 수도 있다. 희망하는 직업을 갖지 못할 수도 있고 시험에 떨어질 수도 있으며 사업이 부도가 날 수도 있다. 그러한 실패조차 중간 과정, 배워가는 과정으로 이해해야 한다. 이것이 진정으로 긍정적인 태도이며 마인드이다.

실패의 가능성을 미리 예상해보고 궁극적으로 꿈을 이루기 위한 대안들을 준비하자. 과정에서의 실패를 예측하고 전화위복의 계기로 삼기 위해 어떻게 노력할지 미리 생각해보자.

이렇듯 실패를 긍정적으로 예상해보자는 것이 바로 체 게바라의 명언 "우리 모두 리얼리스트가 되자. 그러나 가슴속에는 불가능한 꿈을 가지자"의 진정한 의미인지도 모른다. 그렇게 함으로써 포기하지 않고 끝까지 노력할 수 있다.

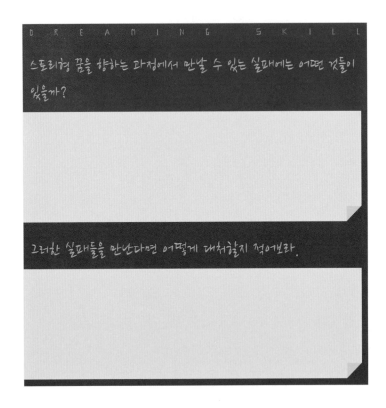

DREAMING SKILL

스토리형 꿈을 향하는 과정에서 만날 수 있는 실패에는 어떤 것들이 있을까?

그러한 실패들을 만난다면 어떻게 대처할지 적어보라.

여러 번의
'잽'을 날려라

김상우 대리는 대기업이 경영하는 백화점의 마케팅부서에서 브랜드 매니저로 근무하고 있다. 계절이 바뀔 때마다 새로운 판매 이벤트를 기획하고 홍보하는 업무를 주로 하고 있는데 성격이 외향적이고 적극적인 그에게 잘 어울리는 일처럼 보인다. 실제로도 그가 기획한 이벤트들은 실적이 좋다. 그는 부서에서도 아이디어가 많은 수완가로 통할 만큼 인정받고 있다.

어느 날 김 대리는 꿈을 만들었다면서 나에게 조언을 요청해 왔다. 그의 꿈은 '세계를 무대로 무역하는 사업가로 성공해서 책을 쓰고 강연을 하면서 젊은이들에게 꿈과 희망을 주는 것'이다. 특별히 그는 아프리카에 사업의 기회가 많을 것으로 보고 있다. 그래서 3년 후에 지금의 직장을 그만두고 2년간 아프리카 전역을 탐방하면서 아이템을 발굴하고 사업을 시작해볼 계획이다.

3년 후의 도전을 위해 그는 이미 치열하게 준비하고 있다. 새벽과 주말을 활용하여 영어는 물론 아프리카의 언어와 문화를 공부하고 있다.

김 대리의 꿈을 듣고 나는 두 가지 질문을 던졌다. 호기심에 던진 첫 번째 질문은 "왜 3년 후에 떠나려는 것인가?"였다. 그는 이렇게 대답했다. "지금 당장 떠나기에는 여러 면에서 준비해야 할 것이 많아요. 그렇다고 먼 훗날에는 제가 책임질 가정이 있을 테니 도전하지 못할 것 같고요. 여러모로 3년 후가 도전하기에 적당한 시기 같습니다."

조금은 진지한 두 번째 질문은 "2년 동안 노력했음에도 실패한다면 어떻게 할 것인가?"였는데, 그는 예상했다는 듯 담담히 말을 이어나갔다. "최선을 다했는데도 실패한다면 미련 없이 접어야지요. 다만 한 가지 아쉬운 점은 그때에는 지금보다 좋지 않은 직장을 구하게 될 것 같아요. 사실 저는 현 직장의 근무 조건, 연봉, 업무 내용이 모두 만족스럽거든요. 그럼에도 회사를 그만두고 꿈을 추구하는 것이 옳은 걸까요?"

꿈을 향해 도전할 때 우리는 한방에 승부를 내려는 경향이 있다. 성공이든 실패든 빨리 성패를 확인하고 싶은 것이다. 성공한다면 빨리 안정될 수 있고 실패한다면 재빠르게 다른 길을 찾을 수 있기 때문이다.

하지만 노련한 승부사들은 성급하게 돌진하지 않는다. 권투에서도 경험이 많은 프로들은 가볍고 재빠르게 잽을 무수히 날리면서 상대의 반응을 살핀다. 여러 번의 잽을 교환하면서 상대의 중심이 기우는 순간 펀치를 날리는 것이다. 무턱대고 달려들다가는 상대의 카운터펀치에 내가 쓰러질 수도 있다.

직장을 아예 그만두고 아프리카로 떠나는 것, 그것은 건너왔던 외나무다리를 끊어버리는 것과 같다. 흔히 활용되는 전략 중 하나로 생쥐가 코너에 몰리면 고양이에게 덤비듯 '실패하면 끝장'이라는 생각에 독기를 품고 일하게 될 수도 있다. 어떤 이들은 말한다. "돌아갈 곳이 있다면 나태해질지도 모른다. 돌아갈 다리를 끊어버리는 편이 낫다."

하지만 다리가 연결되어 있다고 나약해질 정도의 의지라면 다리를 끊을지라도 결국 나태해지지 않을까? 다리가 있든 없든 최선을 다할 수 있어야 한다. 독기를 품고 달려든다고 해서 실패할 가능성이 아예 사라지는 것은 아니다. 성공률이 5퍼센트라면 그 낮은 확률에 성급하게 운명을 거는 것은 도박이나 다름없다. 단한 번의 시도로 끝장을 볼 것이 아니라 좀 더 장기적인 안목으로 꾸준히 잽을 날려야 할 것이다.

그러한 생각으로 김 대리에게 조언했다.

"내가 자네라면 3년 후에 직장을 아예 그만두기보다 몇 개월이라도 휴직을 신청할 것 같네. 그 휴직 신청이 받아들여지면 아프리카로 떠나 죽기 살기로 도전해보겠어. 그 기간 안에 성과를 거둔다면 회사를 그만두어도 좋겠지. 하지만 성과가 없다면 한국으로 돌아와서 더 치열하게 준비하면서 몇 년 후를 기약하겠어.

회사를 그만두는 결정은 나중에 해도 늦지 않을 것 같네."

인생에서 이 길이 옳고 저 길은 틀렸다는 편협한 주장을 하고 싶은 것이 아니다. 어쩌면 김 대리의 열정과 적극성이라면 회사를 아예 그만두고 아프리카로 떠나는 편이 더 나은 결과를 얻을지도 모른다. 처음 몇 년은 고생스럽겠지만 돌아가는 다리를 끊는 편이 결과적으로 성공으로 가는 지름길일 수도 있다. 그럼에도 내가 휴직을 권면한 이유는 김 대리가 인생에서 중대한 기로에 있으므로 좀 더 신중하게 선택하기를 바라는 마음에서였다.

하나뿐인 인생을 도박과 같은 확률에 배팅하지 말기를 바란다. 돌아갈 다리를 끊어버리는 시도는 성공할 수 있다는 어느 정도의 확신이 있을 때 감행해야 한다. 여러 번의 잽을 날려서 성공률을 최대한 끌어올린 다음에 운명을 걸어야 할 것이다.

'아프리카에 가면 어떻게든 되겠지' 정도의 막연한 기대가 아니라 그곳에 가기 전에 사업아이템 몇 가지는 이미 구상하고 있어야 한다. 우리의 운명을 결정할 만한 도전에는 신중을 기하고 또 기해야 한다.

개인병원에서 간호사로 근무하는 김혜정 씨는 오래전부터 요리에 대한 관심이 많았다. 결혼하기 전부터 요리 학원을 다니며 여러 개의 자격증을 취득했고 요즈음은 지인들을 초대해서 요리를 대접하는 것을 즐거움으로 삼고 있는데 솜씨가 좋다는 칭찬을 자주 듣는다.

그녀는 요리를 취미로만 여기다가 남편의 응원에 용기를 얻어

음식점을 창업해보겠다는 꿈을 갖게 되었다. 그러한 꿈으로 혜정 씨는 가볍고 재빠른 잽을 하나씩 날리고 있다.

먼저 주말마다 친척 어르신이 경영하는 만두전문점의 일손을 거들면서 음식점 경영의 노하우를 어깨너머로 배우기 시작했다. 또한 집에서 이런저런 음식들을 연구해서 가족을 비롯한 주변 사람들에게 맛에 대한 평가를 부탁하기도 한다. 조만간 혜정 씨는 자신의 요리를 직접 판매할 계획을 세우고 있다. 아직 확실치는 않지만 다양한 방안을 놓고 고민하는 중이다.

이렇듯 혜정 씨는 여러 단계를 거치면서 음식점을 경영하기 위한 노하우들을 쌓아가고 있다. 그녀가 크게 일을 벌이지 않고 이렇듯 작게 시작해서 단계적으로 확장해가는 것은 매우 지혜로운 준비인 듯하다.

꿈을 향해 무턱대고 한 방을 날리기보다 여러 단계를 밟아나갈 필요가 있다. 그러한 과정을 통해서 경험을 축적하고 시장의 반응을 살펴보아야 한다. 이 과정은 실패의 가능성을 줄여준다는 측면에서도 필수적이다.

그럼에도 언젠가는 과감한 도전을 감행해야 할 것이다. 김 대리도 언젠가는 아프리카 사업에 승부를 걸고 혜정 씨도 언젠가 자신의 음식점을 개업해야 한다. 언제까지나 경험만 쌓고 있을 수는 없기 때문이다. 하지만 그러한 시도가 갑작스러운 도박이 아니라 차곡차곡 쌓아온 경험의 연장이면 좋을 것이다. 그러기 위해 우리는 꿈을 향해 가볍고 재빠른 잽들을 날려야 한다.

꿈을
이루지 못해도
괜찮다

대한민국 젊은이들은 앞뒤로 꽉 막힌 답답한 현실에 겹겹이 둘러싸여 있다. 값비싼 등록금을 치르고 대학을 졸업하더라도 정규직 자리를 얻기 수월하지 않다. 어렵게 취업했더라도 결혼하려면 집이 있어야 하는데 집값이 터무니없이 치솟아 있다. 결혼하더라도 월급의 상당 부분은 자녀양육비로 지출해야 하기에 미래를 위한 투자는 말처럼 쉽지 않다. 그야말로 첩첩산중이다.

무엇보다 지금의 젊은이들은 지금 당장 당당히 보여줄 것이 없어서 불안하고, 번듯하게 이뤄놓은 것이 없는 듯해서 가슴 한편이 답답하다. 미래는 암울해 보이고 꿈을 이룰 가능성은 더 희미해 보인다.

하지만 젊은이들에게는 지금까지 이룬 것보다 앞으로 이루어 나갈 것들이 더 많이 남아 있다. 살아온 날보다 살아갈 날이 더 많지 않은가? 그러니까 젊은이인 것이다.

무한한 가능성을 지녔음에도 스스로를 자학하는 젊은이들을 위해 삼성그룹의 창업주 고 이병철 회장은 다음과 같은 말을 남겼다.

"어떠한 인생에도 '낭비'는 있을 수 없다. 실업자가 10년 동안 낚시로 소일했다고 치자. 그 10년이 낭비인지 아닌지는 그 사람이 나중에 무엇을 했느냐에 달려 있다. 실업자 생활을 어떻게 받아들이고 어떻게 견뎌나가느냐에 따라 그 사람의 내면도 많이 달라질 것이다. 낚시를 하면서 헛되게 세월을 보냈다고 볼 수도 있다. 그러나 그 시간에 반드시 무엇인가 느낀 것이 있을 것이다. 문제는 현재 헛되게 세월을 보내는 데 있는 것이 아니라 어떻게 그것을 받아들여 훗날의 소중한 체험으로 그것을 살려나가느냐에 달려 있다."

꿈 앞에서 머뭇거리고 두려워하는 젊은이들이 용기를 가졌으면 하는 마음으로 일본의 '경영의 신' 마쓰시타 고노스케 회장이 남긴 말을 전하고자 한다.

"나는 하나님께서 주신 세 가지 은혜 덕분에 성공할 수 있었다. 첫째, 집이 몹시 가난해서 어릴 때부터 구두닦이, 신문팔이 같은 일을 하며 고생했고 이를 통해 세상을 살아가는 데 필요한 경험을 많이 얻을 수 있었다. 둘째, 태어났을 때부터 몸이 몹시 약해서 항상 운동에 힘써야만 했다. 그 덕에 늙어서도 건강하게 지내게 되었다. 셋째, 초등학교도 다니지 못했기 때문에 세상 모든 사람을 스승 삼아 질문하며 열심히 배우는 일을 게을리하지 않았다."

현실이 막막하고 답답하더라도 우리는 꿈을 만들어야 한다. 아니, 눈앞의 현실이 암담할수록 더더욱 꿈을 가져야 한다. 이 책이 강조하는 원초적인 메시지 중의 하나는 '아무리 현실이 어렵더라도 꿈을 만들자'이다.

100년 가까이 살아갈 인생에서 미래가 어떻게 흘러갈지 그 누구도 장담할 수 없다. 지금은 보잘것없을지라도 미래는 나아질 것이라는 희망을 가져보자. 그러한 마음으로 꿈을 만들고 매일 노력하며 살아가자. 현실의 어려움에 굴하지 않고 꿈을 향해 의미 있게 살아가는 것이 무엇보다 중요하다.

꿈을 가질 때 오늘이라는 하루의 가치를 알게 되며 오늘을 열심히 살아야 하는 이유를 깨닫게 될 것이다. 우리를 가끔 괴롭히던 '나는 왜 태어났을까? 왜, 무엇을 위해 살고 있는가? 제대로 살고 있는가?' 등의 의문에서도 해방될 수 있다.

그런 의미에서 꿈이 궁극적으로 이루어지지 않을지라도 괜찮다는 점을 강조하고 싶다. 꿈을 이루면 좋겠지만 이루지 못해도 최선을 다한 자체로 의미 있는 인생을 산 것이기 때문이다.

꿈을 가진다는 것은 인생에서 최선을 다하겠다는 의지의 천명임을 다시금 상기하길 바란다. 꿈을 향해 의미 있는 삶을 살았다면 그 자체로 이미 인생을 성공적으로 산 것이다.

나는 점점 더
좋아질
나의 미래가 기대된다

앞에서 이미 밝혔듯이 나는 2008년 겨울, 진정으로 원하는 꿈을 만들었다. 그 후 나의 인생은 극적으로 달라졌다.

만약 그때 꿈을 만들지 않았다면 지금의 나는 어떻게 살고 있을까? 아마도 보통의 대학교수로서의 삶을 살고 있지 않을까? 보통의 대학교수의 삶이 문제가 있다는 뜻은 아니니 오해하지 않길 바란다.

나는 꿈이 있기에 남이 시키지 않은 일들을 해나가고 있다. 이 책은 그 꿈의 결과물 중 하나이다. 내가 어떤 책의 작가가 된다는 것, 예전에는 상상조차 하지 못했던 일이다. 덕분에 지난 3년간 나는 무수히 많은 자료를 섭렵했고 수많은 사람들과 대화를 나누었다. 또한 학생들과 함께 꿈을 찾아가는 '비전 메이커스(Vision Makers)' 프로그램도 운영했다. 꿈이 아니었다면 이러한 활동들을 엄두나 낼 수 있었을까?

나는 이 책의 두 번째 장인 '스토리형 꿈을 만들라'에서 개인적인 '실천 계획'을 소개하였다. 책을 집필하면서 약 1년 전에 작성했던 내용들인데 지금 들여다보니 상당 부분이 이미 이루어졌다.

먼저 이 책을 집필하고 꾸준히 영어를 공부하며 운동을 해왔다. 그래서인지 몸무게가 5킬로그램 정도 줄었다. 논문도 희망한 개수보다 더 많이 발표했으며 지난가을에는 해외로 가족여행도 다녀왔다. 반신반의하며 작성했던 실천 계획이지만 놀랍게도 대부분 이루어졌다.

앞으로의 내 인생이 기대된다. 내년이 기대되며 또한 10년 후가 기대된다. 10년 후 더 지혜롭고 건강할 내 모습이 기대된다. 꿈을 향해 매일매일 노력을 쌓아나갈 것이기에 기대된다.

확실히 꿈을 가지면 이전보다 더 열심히 살게 된다. 남들을 따라 행동하는 것이 아니라 자발적이고 주도적으로 삶의 길을 찾게 되는 것이다. 나처럼 행동이 느리고 굼뜬 사람조차 열심히 살게 하는 것, 이것이 꿈이 가진 진정한 마력일 것이다.

비전 메이커스 이야기

부록

• • •

내 경험에 비추어보면 꿈에 대해 어느 정도 공부하거나 배울 필요가 있는 것 같다. 꿈을 만들기 위해 모종의 '꿈 찾기 프로그램'에 참여한다면 가장 좋겠지만 주변에서 이러한 프로그램이 없다면 멘토에게 조언을 구해보는 것도 좋은 방법이다. 멘토라고 해서 너무 어렵게 생각하지 말자. 멘토는 항상 나에게 관심을 두는 부모님이나 선생님일 수 있다. 또는 단짝 친구와 편하게 이야기를 나눠보는 것도 좋은 방법이다. 주변 사람들과 이야기를 나누는 과정에서 꿈을 찾을 수도, 만들 수도 있을 것이다.

나는 대학교 내에서 이 책의 꿈꾸는 기술들을 통해 삶의 목적을 만들 수 있는 '꿈 찾기 프로그램'을 진행해오고 있다. 이를 '비전 메이커스'라 부르고 있다. 꿈꾸는 기술들이 완벽하다고 할 수는 없겠지만 그럼에도 이는 참여자들의 삶에 적지 않은 긍정적인 변화들을 만들어왔다.

이 프로그램은 2009년 여름에 시작되어 그 이후로 방학마다 대학생 약 열 명을 대상으로 8주 동안 진행해오고 있다. 현재 6기를 진행하고 있으며 현재까지 이 프로그램을 통해 많은 학생들이 꿈을 가지게 되었다.

이제 이 프로그램에 참여했던 몇몇 학생들의 꿈을 소개하고자 한다. 젊은이들의 순수하고 창의적인 꿈들을 접할 수 있다는 것은 나에게 말할 수 없이 큰 축복이다.

이들이 꿈을 이룰수 있을지 지금은 장담할 수 없다. 그러나 이

| Vision Makers 학생들과 함께 찍은 사진들 |

들이 이제까지의 맹목적인 삶을 청산하고 새롭게 결단하여 꿈을
위해 노력하기 시작했다면 그것만으로도 충분히 가치 있는 변화
일 것이다.

이들의 꿈을 나와는 상관없는 이야기, 남의 이야기 정도로 치
부하지 않기를 바란다. 이들이 꿈을 만듦으로써 삶이 변했다면
여러분도 충분히 그럴 수 있다. 그렇게 열린 마음으로 보아주길
바란다.

내 인생의 문장형 꿈:
경영 컨설턴트, 세계주요기업 정부의 수석 고문위원, 외식업, 호텔 사장이 된다.

30년 후의 미래이력서:
내 이름을 건 금융 지주회사 설립한다.
동아대 명예교수로 세계 여러 대학에서 강연을 한다.
「타임」의 '세상에서 가장 영향력 있는 50인' 중 한 명으로 선정된다.
자선 단체를 설립한다.
매년 수익의 10퍼센트를 저소득층, 독거노인들을 위해 기부한다.

5년 후 중간목표	증권 투자 회사에 입사한다.
10년 후 중간목표	해외 대학원 진학하고 해외 투자 회사에 입사한다.
15년 후 중간목표	경영컨설턴트, 경영평론가가 된다.
20년 후 중간목표	세계 주요 기업과 정부의 수석 고문위원이 된다.
25년 후 중간목표	금융시장 기원 자선파티를 개최하고 호텔 사장이 된다.

5년 후 중간목표를 이루기 위한 실천 계획:
친구들과의 스터디그룹을 통해 학점을 평점 4.0으로 만든다.
새벽마다 영어학원에 다녀서 토익점수를 900점 이상으로 만든다.
AFPK 자격증, CFP 자격증, 증권투자상담사, 펀드투자상담사 등의 자격증을 취득한다.
꾸준히 JA코리아 경제봉사활동을 하고, 금융상품 공모전에 도전한다.

| 윤○○의 스토리형 꿈(경영학과 08학번) |

내 인생의 문장형 꿈:
세계적인 비즈니스 스쿨을 설립하여 컨설팅 업계의 전설이 된다.

30년 후의 미래이력서:
컨설팅계의 전설인 나는 세계적인 경영컨설턴트이자 세계에서 손꼽히는 비즈니스 스쿨의 운영자, 억만장자 기업가이다. 회생이 불가능해 보이는 기업을 컨설팅하여 성공으로 이끄는 전문가로 유명하다. 나의 이름을 딴 비즈니스 스쿨을 열어 후학 양성에 힘쓰고 있다.
전 세계 컨설팅학회 회장을 역임하고 컨설팅 명예의 전당에 올랐다. 나의 강연을 담은 오디오 테이프와 DVD는 수십 년간 베스트셀러이다.

5년 후 중간목표	토익 및 다양한 대외활동을 기반으로 24세에 졸업한다. DewHR에 입사하여 실무경험을 쌓으면서 29세에 과장으로 승진한다.
10년 후 중간목표	미국 아이비리그대학에서 HR 관련 및 최고경영자 과정을 이수한다. 36세에 다시 과장으로 DewHR에 복귀한다.
15년 후 중간목표	다양한 기업의 컨설팅을 맡아 높은 성과를 창출해낸다. 이사로 초고속 승진한다.
20년 후 중간목표	회사를 세계 20위권의 세계 일류기업으로 도약시킨다.
25년 후 중간목표	컨설팅 업계의 전설이 되는 Dew 컨설팅 회사로 성장시킨다. 제주도에 나의 이름을 건 비즈니스 스쿨 건립하고 근처 섬을 구입하여 기숙사 등 부대시설을 완비한다.

5년 후 중간목표를 이루기 위한 실천 계획:
심도 있는 전공공부로 학점 3.9 이상을 받고 교환학생으로 마카오에 다녀온다.
컨설팅 회사에 입사하기 위해 영어학원에 다니며 꾸준히 영어회화를 공부하고 토익점수를 950점 이상을 얻는다. 중국어 공부를 시작한다. 수영과 조깅을 하며 5킬로그램을 감량한다. 깊은 대화를 나눌 수 있는 인맥을 유지한다. 경제신문을 정기구독하며 한 달에 두 권 이상의 책을 읽는다.

내 인생의 문장형 꿈:
자선사업으로 교육, 복지, 환경 등의 분야에 직접적으로 공헌한다.

30년 후의 미래이력서:

전 세계의 무역에서 영향력 있는 사람으로서 명성을 얻고 있다. 각종 무역 박람회 기획에 핵심 인물로 활동한다. 기업관리 컨설팅의 대가로 꼽히며 실무에서 활약한다. 미소와 웃음, 긍정의 삶에 관한 센터를 운영하고 있다. '작은 미소의 큰 힘'에 관한 강연을 성황리에 진행 중이다. 세계를 돌며 집필한 기행문, 에세이는 발간할 때마다 베스트셀러가 되어 화제를 모은다. 글로벌 자선사업을 하고 있으며 특히 다양한 교육의 기회를 위해 지원한다.

5년 후 중간목표	무역 관련 실무경험을 쌓으면서 기업 컨설팅을 시작한다.
10년 후 중간목표	컨설팅 분야에서 영향력을 인정받아 입지를 굳힌다. 나의 경험을 바탕으로 청소년들을 위한 책을 집필하여 베스트셀러 작가가 된다.
15년 후 중간목표	다양한 기업의 컨설팅을 맡아 높은 성과를 창출한다. 이사로 초고속 승진한다.
20년 후 중간목표	다양한 세대를 대상으로 '작은 미소의 큰 힘', '긍정적인 변화' 등 희망의 메시지를 담은 책을 집필하고 강연을 한다.
25년 후 중간목표	변화를 원하는 사람들과 함께 재단을 만들어 활동하고 자선 사업으로 교육, 복지, 환경 등의 분야에 직접적으로 공헌한다.

5년 후 중간목표를 이루기 위한 실천 계획:

학점을 꾸준히 관리하여 졸업시 평점 4.3을 유지한다. 월평균 책 다섯 권을 읽는다.
올해 말까지 토익 950점 이상을 획득하고, 무역영어, 유통관리사 자격증을 딴다.
BIFF와 해피무브 자원봉사를 인도로 다녀오고 굿네이버스 활동을 한다.
3학년 겨울방학 때 볼 일본어 시험에서 880점 이상을 획득한다.

내 인생의 문장형 꿈:
세계적인 편집샵을 운영하고 국회의원이 되어 우리나라를 이끈다.

30년 후의 미래이력서:
홍콩 디자인 경영자상을 수상했다. 「타임」 선정 '올해의 인물'로 꼽혔다.
아시아에서 가장 큰 편집샵을 운영하고 있다.
경영과 서비스에 관해 집필하는 책이 베스트셀러가 되었다.
청소년들이 가장 존경하는 사람 1위로 꼽혔다.
국훈 무궁화훈장 수상. 한·중 경제협회 부회장 역임했다.

| 5년 후
중간목표 | 학점 3.9, 토익 990점을 얻는다.
유통관리사, 판매관리사 자격증을 취득한다.
해외에서 생활해본다. |

| 10년 후
중간목표 | 백화점 납품 바이어로 활동한다. |

| 15년 후
중간목표 | 본격적으로 편집샵을 준비한다.
스피치 강사로 활약하고 모교 초청 강연을 한다. |

| 20년 후
중간목표 | 세계 최고의 편집샵을 운영한다.
국회의원에 출마한다. |

| 25년 후
중간목표 | 우리나라를 이끄는 국회의원으로 왕성하게 활동한다. |

5년 후 중간목표를 이루기 위한 실천 계획:
매일 새벽 영어학원에 다녀서 토익 점수 950점을 획득하고 외국인 친구를 사귄다.
최종적으로 학점 3.9가 되도록 노력하는 동시에 사진동호회 활동과 전시회 참여도 적극적으로 한다.
한국사 1급, 판매관리사 1급, 유통관리사 2급 자격증을 취득한다.
국토대장정, 전국무전여행, 남도여행을 한다.

1 "너는 꿈이 뭐니?"라는 질문을 가장 두려워하며 근 20년을 살아왔습니다. 그런 질문을 받을 때면 항상 "부자 되는 거요"라고 말하며 답을 회피하곤 했습니다. 그러던 중 '비전 메이커스'라는 모임을 알게 되었고 용기를 내어 지원했습니다.

처음에는 꿈이 너무 막연하게 느껴져 정하기 쉽지 않았습니다. 저의 꿈을 다른 이들에게 말하는 것도 부끄러웠습니다. 하지만 친구들과 함께 꿈을 정하고 또 발표하다 보니 어느새 머릿속에는 미래의 꿈에 대한 생각으로 가득 찼고 꿈은 점점 커졌습니다. 지금은 그 누가 물어봐도 부끄러움 없이 꿈을 말할 수 있습니다.

이번 겨울방학은 저 자신을 성찰하며 잠재된 성장 가능성을 알게 된 소중한 시간이었습니다.

앞으로 저의 꿈은 여태까지 정한 꿈에서 조금 변형될 수도 있을 것입니다. 하지만 모두 이루어지리라 믿습니다.

이제 저는 과거의 그릇된 행동을 다시 범하지 않을 것입니다. 그리고 성공할 것입니다. 꼭 이루고 싶은 꿈이 생겼기 때문입니다!

2 대학생활을 하면서 매일 누군가에게 쫓기듯이 공부했습니다. 그런데 토익공부를 하든 다른 자격증 공부를 하든 오래가지 못했고 늘 일상이 지루했습니다.

'비전 메이커스'라는 프로그램을 통해 그 이유를 알았습니다. 문제는 '꿈'이었습니다. 꿈이 없었기에 의지도, 열정도 없었던 것입니다. 그래서 교수님이 내준 첫 번째, 두 번째 과제는 너무 하기 어려웠습니다.

하지만 꿈을 정하고 나니 하고 싶은 것도, 해야 할 일도 많이 생겼습니다. 꿈을 이루기 위해 계획을 세우고 하루하루를 보내니 지루하기만 했던 대학생활은 흥미로워졌습니다.

꿈을 찾아가는 과정에서 만난 친구, 언니, 오빠들의 격려로 소심한 성격이었던 제가 다른 사람 앞에서 자신 있게 꿈을 이야기할 수 있게 되었습니다.

아쉽게도 비전 메이커스 활동은 끝이 났습니다. 하지만 저는 끝이 아닌 출발점 위에서 있다고 생각합니다. 모두들 꼭 원하는 꿈을 이루시길 바랍니다. 파이팅!

3 저는 매사에 의욕이 없는 아이였습니다. 그 어떤 것에도 흥미를 느끼지 못하고 살았습니다. 당연히 학점도 안 좋았습니다. 그저 안 하면 큰일날 법한 일, 다른 사람이 다 하는 일, 정해져 있는 일만 겨우 하며 살았습니다.

이런 저에게 변화가 필요하겠다 싶어 '비전 메이커스' 프로그램을 신청했습니다. 교수님은 제게 꿈을 가지라고 말씀하셨습니다. 꿈이 생기면 그것을 이루기 위해 구체적인 계획을 세우고 도전할 수 있다고.

그 말씀대로 꿈을 만드는 것은 삶의 도전이 되었습니다. 그 행위가 그냥저냥 다른 사람을 따라가는 것이 아니라 스스로 삶의 방향을 선택하는 것이었기 때문입니다. 저는 이 프로그램을 통해 꿈이라는 것이 만들고 그것을 점점 구체화했습니다.

교수님의 말씀 중 가장 크게 마음에 와 닿았던 내용은 바로 장기적으로 자신의 삶을 바라보라고 하신 것입니다. 장기적인 계획을 세우고 앞에 놓여 있는 과제를 하나하나 완성해 나가는 것이 저에게 삶을 이끌어가는 하나의 틀이 되었습니다.

학기 중에 포기도 많이 하고 종종 좌절도 느꼈지만 꿈이 있기에 주어진 학생의 본분인 성적만큼은 포기하지 않고 계속해서 도전하고 있습니다.

4 비전 메이커스 프로그램에 참여하면서 가장 뜻깊고 좋았던 점은 내가 하고자 하는 것이 무엇이며 내 꿈이 무엇인가를 확실히 깨달은 점입니다.

교수님께서는 은행원, 공무원 등의 희망직업을 목적으로 삼지 말라고 말씀하셨죠. 희망직업만을 생각하면서 살아왔기에 이 이야기를 처음 들었을 때는 정말 멍했습니다. 어떻게 무엇부터 해야 할지도 몰랐죠. 하지만 교수님께서 큰 방향을 잡아주셨고 그것을 따라서 하나하나 큰 목표와 거기에 따른 구체적인 목표들을 세워나가면서 동기부여도 되었고 나도 할 수 있겠다는 자신감과 희망도 품게 되었습니다.

솔직히 처음에 꿈을 쓸 때는 어렵게만 느껴졌습니다. 하지만 그 과정을 통해 스스로를 정확히 알 수 있게 되었습니다.

말하는 대로
꿈꾸는 대로

초판 1쇄 발행 2011년 1월 9일   초판 7쇄 발행 2016년 4월 12일

지은이 **이익선**   펴낸이 **연준혁**

출판 2분사 편집장 **박경순**

펴낸곳 (주)위즈덤하우스 출판등록 2000년 5월 23일 제13-1071호
주소 (410-380) 경기도 고양시 일산동구 정발산로 43-20 센트럴프라자 6층
전화 (031)936-4000 팩스 (031)903-3891
홈페이지 www.wisdomhouse.co.kr

ⓒ 이익선
ISBN 978-89-6086-508-2 03320

국립중앙도서관 출판시도서목록(CIP)

말하는 대로 꿈꾸는 대로 : 꿈을 이루고야 마는 사람들의 절대 법
칙 / 이익선 지음. — 고양 : 위즈덤하우스, 2012
  p. ;   cm

ISBN 978-89-6086-508-2 03320 : ₩12000

자기 계발[自己啓發]

325.211-KDC5
650.1-DDC21   CIP2011005600